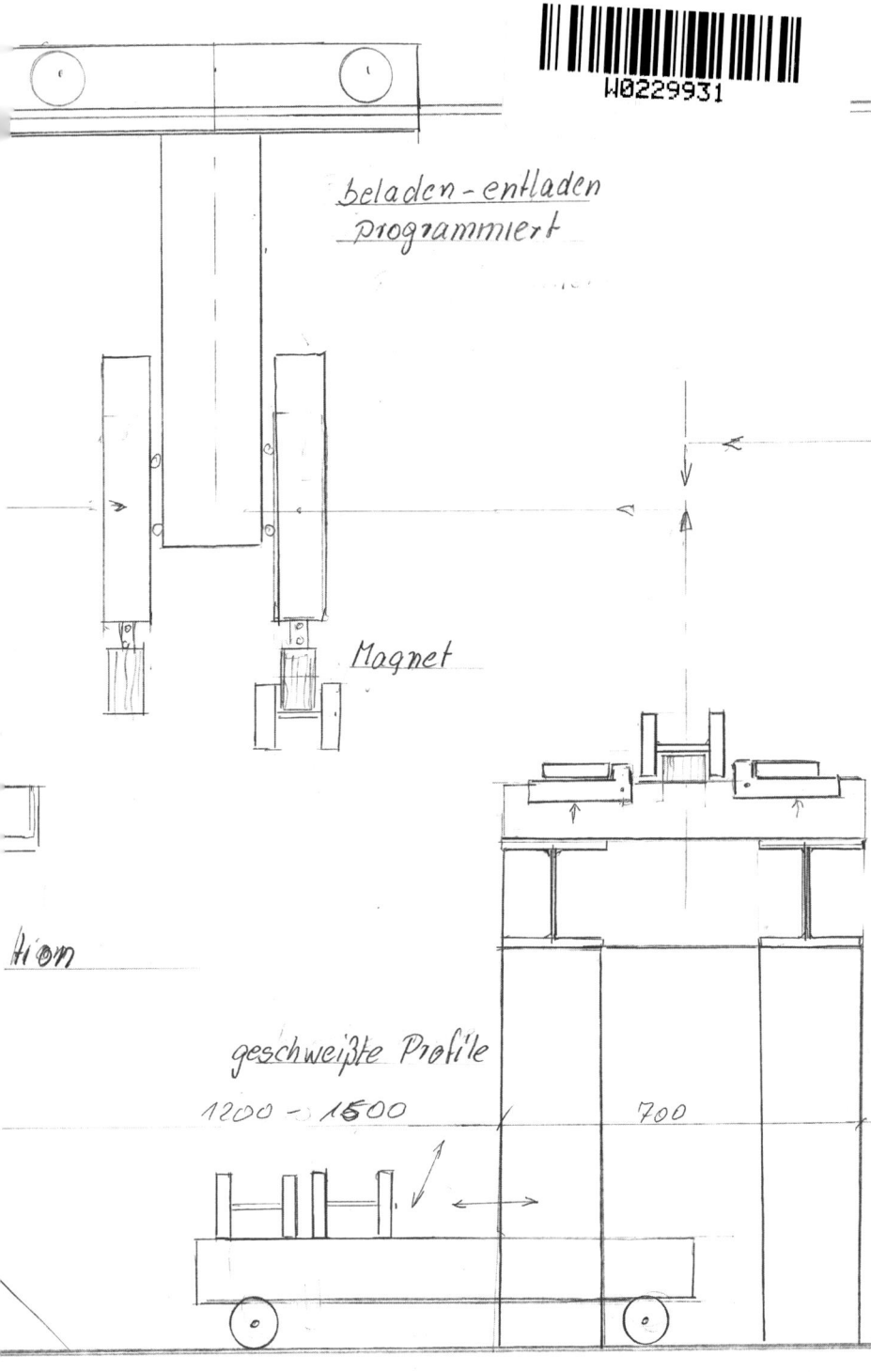

beladen - entladen
programmiert

Magnet

geschweißte Profile

1200 - 1500   700

GEORG MECK

VERTRAUEN IST BESSER

GEORG MECK

VERTRAUEN IST BESSER

ORTWIN GOLDBECK –
EINE UNTERNEHMERBIOGRAFIE

HERDER

FREIBURG · BASEL · WIEN

MIX
Papier aus verantwor-
tungsvollen Quellen
FSC® C083411
www.fsc.org

Verlag Herder GmbH, Freiburg im Breisgau 2021
Alle Rechte vorbehalten
www.herder.de

Bildnachweis:
Familie Goldbeck (1–10, 19–22), Daniel Biskup (11, 23, 30–31), Goldbeck GmbH
(12 oben, 14–18, 28–29), Gregor Wannenmacher (12 unten), Philipp Allenbrand (13),
deteringdesign (24–25), Christian Protte (26–27), Katrin Biller (32)

Satz: Daniel Förster, Belgern
Herstellung: CPI books GmbH, Leck
Printed in Germany

ISBN Print: 978-3-451-38923-8
ISBN E-Book (E-Pub): 978-3-451-82562-0

INHALT

Europas Gigant am Bau 9

Ein Champion aus Ostwestfalen 19

Kindheit und Jugend 25

Lehr- und Wanderjahre 33

Tränen im Wald –
die Emanzipation von den Eltern 39

Glaube und Werte – die christliche Prägung 43

Die Dynamik des Gründers 49

Endlich eigener Herr! 49

Das Horrorjahr 1973 54

»Eiscremefabriken für die Wüste« –
Abenteuer eines frühen Globalisierers 57

Die Übernahme des familiären Betriebs 67

Die Revolution von 1989 71

Der Patriarch – Führung im Hause Goldbeck 77

    Vorbilder und Prinzipien 77

    Die Suche nach dem Sinn 81

Mitarbeiterbeteiligung –
Kapital in Arbeitnehmerhand 91

Das Geschenk der Wiedervereinigung 97

Der Lockruf der Börse 111

Der Kater nach dem Rausch –
die Krise am Bau 115

Ein Global Player aus Bielefeld 121

    Europas Marktführer im Gewerbebau 121

    Die Abenteuer in Frankreich 122

    Mit Nokia in Rumänien 125

    Bielefeld goes Silicon Valley 131

    Mit Tesla in Grünheide 137

Der Ingenieur 141

Der Tausendsassa – die Ehrenämter 147

    Politik 147

    Oberster Stahlbauer 151

    Verein Gildenhaus 157

    Universitätsgesellschaft 160

    Bethel 164

    IHK-Präsident 168

Der Stifter und sein Museum 175

Familiensachen 185

Die Stabübergabe 193

Die zweite Generation 197

    Jörg-Uwe Goldbeck 199

    Joachim Goldbeck 201

    Jan-Hendrik Goldbeck 203

Was bleibt? 207

Anhang 211

    Ortwin Goldbeck – die Chronologie 212

    Literatur 221

    Bildteil 225

EUROPAS GIGANT AM BAU

Frankfurt, im Juli 2021. Die Goldbecks haben zum Sommerfest geladen in ihr neues Domizil am Flughafen. Gateway Gardens heißt das noch unfertige Büroviertel, unweit von Terminal 2 gelegen. Über den Köpfen der Festgesellschaft tönen die Lufthansa-Flieger im Landeanflug. 40 Jahre ist die Baufirma Goldbeck nun im Rhein-Main-Gebiet, neuerdings in dieser schicken Niederlassung, einer von 90 in Europa, wo sie zeigen, dass sie mehr können als Fabrikhallen, Parkhäuser und Bürogebäude, das Geschäft, in dem sie über die Jahrzehnte so groß geworden sind, dass sie sich mit vollem Recht als das größte Bauunternehmen der Republik in Familienhand bezeichnen können.

Im Jahr 2019 haben die Goldbecks das runde 50-Jahres-Jubiläum gefeiert, nun folgt die verspätete Einweihung der Frankfurter Dependance. Covid-19 hat die ursprünglich für 2020 geplante Feier vereitelt, jetzt, ein Jahr danach trauen sie sich, mit dem Abklingen der dritten Coronawelle und Hygienekonzept, zu erkennen am weißen Testzelt am Eingang.

Statt ermüdend gediegener Reden, gibt es eine Art Talkshow: Vater und Sohn Goldbeck stehen schäkernd auf der Bühne, gewähren Einblick in diese außergewöhnliche Unternehmerfamilie, von der als Erstes zu nennen wäre: Vater Ortwin Goldbeck, der Unternehmensgründer und einzig lebende Ehrenbürger Bielefelds, ein Mann ohne Furcht und Tadel: »Angst darf man als Unternehmer nicht haben«, sagt er: »Ich war überzeugt von meinen Ideen.«

An seiner Seite die drei Söhne, und vor allem deren Mutter, seine Frau Hildegard, eine »sehr risikoaverse« Lehrerin, deren Gehalt einst den Start erst ermöglicht hat für einen Handwerksbetrieb »ohne nennenswertes Eigenkapital«, wie der jüngste Sohn Jan-Hendrik Goldbeck sagt: »Ohne sie wären wir heute nicht hier.«

Um eine 300 000-D-Mark Bürgschaft ging es damals, viel Geld für eine Volksschullehrerin. »Wir waren jung und verliebt, da denkt man über die Folgen nicht nach«, sagt Ortwin Goldbeck, 1939 geboren, ein Mann jenseits der 80 also, mit freundlichem Lachen und ungebrochen frohgemutem Blick. Ob dieses »open space«, von dem die Jungen neuerdings immer reden, frotzelt er, so etwas Ähnliches sei wie das Großraumbüro zu seiner Anfangszeit: »Wir hatten das in den 70er Jahren«.

In dem neckischen Ton geht es hin und her, unterlegt von der Grundmelodie des Seniors: »Vertrauen und Verantwortung« – diese beiden Worte sind es, mit denen er seine Werte und damit Kultur wie Erfolg seines Unternehmens erklärt. Allein die Niederlassung Frankfurt am Main hat in den letzten 15 Jahren den Umsatz fast verzehnfacht, davon wagen die vor sich hin schrumpfenden Großbanken in der City der Finanzmetropole nicht mal zu träumen.

»Vertrauen vor Kontrolle«, das ist das Motto, das ins Gegenteil verkehrte Lenin-Zitat (»Vertrauen ist gut, Kontrolle ist besser«). Diese Devise steht über allem, danach hat Ortwin

Goldbeck seine Firma geführt und groß gemacht, den Ausfluss findet dies in einer Beteiligung der Mitarbeitenden am Kapital, wie er auf dem Sommerfest erklärt.

»Unser Produkt ist das fertige Gebäude«, sagt Jan-Hendrik, als wüsste einer der Anwesenden nicht, mit wem sie es hier zu tun hätten: Das Familienunternehmen Goldbeck konzipiert, baut und betreibt Immobilien, vorrangig zum gewerblichen Nutzen, an 90 Standorten in Europa: Lager- und Produktionshallen, Büros, Parkhäuser, Schulen, seit ein paar Jahren auch Wohnungen.

Die Firma beschäftigt 8500 Mitarbeitende und erzielte im Geschäftsjahr 2020/21 einen Umsatz von mehr als vier Milliarden Euro. Verluste gab es in dem halben Jahrhundert Firmenhistorie noch nie, allenfalls Jahre mit sehr kleiner Gewinnmarge.

Begonnen hat das alles mit diesem Ortwin Goldbeck, einem gelernten Schlosser und studierten Stahlbau-Ingenieur, der da in blauem Anzug und Krawatte auf der Bühne des Sommerfestes steht.

Im Jahr 1969 hat er die Goldbeck Stahlbau KG gegründet, mit sieben Mann zu Anfang und dem Konstruktionsbüro im Kinderzimmer, ein Start-up als eine Art Ausgründung aus der Schlosserei der Familie.

Die Vorfahren hatten einst als Schmiede Pferde beschlagen, heute verarbeiten die Goldbeck-Werke Zehntausende Tonnen Stahl und Hunderttausende Kubikmeter Beton im Jahr. Gigantische Zahlen. Und eine gigantische Erfolgsgeschichte, wie der Chef der Deutschen Bank, Christian Sewing, in seiner spontanen Lobrede auf dem Sommerfest sagt. Sewing, Ostwestfale wie die Goldbecks, ist mit der Familie gut bekannt, mit den Söhnen befreundet, wenngleich er nicht aus Bielefeld stammt, sondern aus der Nachbarstadt Bünde: »Auf den Unterschied lege ich Wert«.

Gelernt hat er, der Vorstandsvorsitzende der einzigen globalen deutschen Bank, einst in der Filiale Bielefeld. Und was war der erste Kreditbericht, den er dort als Azubi für die Deutsche Bank schreiben musste? Richtig. Es ging um jene Goldbecks, damals in den 1990er Jahren, »schon ein gutes Unternehmen«. Aber in einer schwierigen Branche, dem Bau, der in jenen Jahren stark schrumpfte, weshalb die Banken ihr Engagement in der Bauindustrie stark zurückgefahren haben.

Heute bewegen sich die Goldbecks in einer anderen Dimension. Mit klassischem Bau, dem kleinteiligen Handwerk gar, hat das nichts mehr zu tun. Sie schichten nicht Stein auf Stein, Goldbeck hat vielmehr das Bauen nach Lego-Art perfektioniert. Industriell vorgefertigte Elemente aus der eigenen Fertigung werden dabei auf der Baustelle montiert. Das sieht simpler aus, als es ist, und geht jedenfalls schnell. Vorbereitung ist Trumpf. Auf den Baustellen ist alles kühl geplant, Improvisation ist unerwünscht. Denn: Improvisation ist teuer. Und es wird immer noch zu viel improvisiert auf den Baustellen. Zu viele zelebrieren auf dem Bau noch das Motto: »Was nicht passt, wird passend gemacht.« Ein Horror für die Goldbecks. Klarer Plan, straffe Termine, automatisierte Abläufe. Das ist es, was bei ihnen zählt. Eine zusätzliche Tür, ein breiteres Fenster – die organisatorischen Kosten sind beachtlich, verglichen mit den vorher geplanten Ansätzen. »Ein Auftrag mit reibungslosem Verlauf und möglichst wenigen Nachträgen ist für uns besser«, so Jan-Hendrik Goldbeck.

»Bauen mit System« nennen das die Ostwestfalen. Abgeschaut haben sie das Prinzip von Henry Ford, dem Autopionier in Amerika: Gebäude als industrielle Ware vom Band hinzustellen, das war die Idee. Und so sieht das Ergebnis auch aus: Die Goldbecks sind nicht die Partner für amorphen architektonischen Dekonstruktivismus, sie entwerfen nicht die Villa samt Park, sondern die Fabrik des Villeneigners, seinen Laden, ganze Konzernzentralen (wie von Vonovia in Bochum oder RWE in Essen), gerne auch die Schulturnhalle, wo der Junior Fußball spielt. Und alles immer in Rekordzeit, versteht sich. Die Funktion, das perfekte Detail und die schnelle Realisierung stehen im Vordergrund, obwohl die architektonische Gestaltung auch hoch geschätzt wird.

»Ein schlechtes Projekt macht zehn gute zunichte«, sagt Jan-Hendrik Goldbeck, ein »Rheinländer gefangen im Körper eines Ostwestfalen«, wie Banker Sewing über den aufgeweckten Bauunternehmer spöttelt.

»Wer schaffen will, muss fröhlich sein« – dieses Fontane-Zitat ist das Lebensmotto des Vaters, das gilt heute so wie damals, als die drei Goldbeck-Jungs noch Kinder waren: »Neben Suppe und Nudeln kommen nur gute Nachrichten auf den Tisch«, hat der Vater als Linie vorgegeben, negative Erlebnisse und trübe Gedanken sind in der Firma zu lassen, so gut es nur geht.

»Du hast keine Bücher über positives Denken gelesen, du denkst von Natur aus positiv«, würdigt ein leitender Angestellter den Seniorchef, als der sich in den offiziellen Ruhestand verabschiedet, im Jahr 2007 war das. Seine Begeisterung für den Bau, für die Firma lodert weiter, denn nicht zu vergessen: »Wer schaffen will, muss fröhlich sein.«

Für einen Mann vom Schlag eines Ortwin Goldbeck geht es schlicht nicht anders: Wie soll eine verzagte Seele andere begeistern, in ihnen Feuer entfachen? Wie soll jemand, der gefangen ist in Selbstzweifeln, aus einer kleinen Schlosserei einen Milliardenkonzern hochziehen? Einen Marktführer gar. Genau das sind sie nämlich, diese Goldbecks aus Ostwestfalen. »Wir sind das größte deutsche Bauunternehmen. Die traditionellen Großunternehmen sind nicht mehr da oder nicht mehr in deutscher Hand«, sagt Ortwin Goldbeck.

Geschafft hat er das, indem er Menschen zu Höchstleistungen anspornt – wie im Sport, wo der Spaß die Menschen antreibt, sie sich mit ihrer Aufgabe identifizieren. »Ein Unternehmer sollte ein optimistischer Mensch mit visionärer Kraft sein, der anderen etwas vor Augen führt, was im Moment überhaupt nicht machbar erscheint«, sagt Goldbeck, und bibelfest, wie er ist, schiebt er ein Zitat aus einem Brief von Paulus an Timotheus hinterher: »Gott hat uns nicht einen Geist der Verzagtheit gegeben, sondern den Geist der Kraft und der Liebe und der Besonnenheit.«

So bedeutend das Unternehmen inzwischen ist, so unauffällig ist die Familie dahinter. Der Name Goldbeck sagt außerhalb der Branche den wenigsten etwas. Das mögen sie ganz gerne, sie bevorzugen es, wenn der Machtwechsel am Bau sich im Stillen abspielt.

Die ehemaligen, krachledern auftretenden Giganten der Branche, gerne als Baulöwen tituliert, sind abgetreten und aus dem öffentlichen Leben verschwunden; müde, pleite oder aufgekauft. Abgelöst wurden diese Patriarchen von Konzernen wie Bilfinger oder Hochtief, die wiederum längst ihre Tradition abgestreift haben. Diese börsennotierten Unternehmen gehören Aktionären aus aller Herren Länder und wollen mit dem Bau nicht mehr so viel zu tun haben. Nennen sich neumodisch Solutionsprovider, Servicegesellschaft oder Projektentwickler. Nur nichts mit Bau. Von dem Eigentlichen, von Stahl, Zement, Beton, ist kaum noch die Rede.

Da sind die Goldbecks, dieser lupenreine Familienbetrieb, anders. Die Ostwestfalen bekennen sich so offensiv zu ihrem Tun wie man nur offensiv sein kann: »Unsere Passion ist und bleibt das Bauen«, sagt Jan-Hendrik Goldbeck, der mit seinem ältesten Bruder Jörg-Uwe als Geschäftsführer agiert, auf dass sie von Bielefeld aus die Märkte in Europa erobern.

Niemand baut in Deutschland heute mehr Fabrik- und Lagerhallen als Goldbeck, niemand mehr Parkhäuser. »Wir sind Marktführer.« Das sagen sie mit gutem Recht, vorgetragen in aller ostwestfälischen Bodenständigkeit (so dass es nicht großspurig daherkommt), wenngleich der Anspruch weit darüber hinausreicht.

Als einmal eine Task-Force Chinesen, die Fotoapparate um den Hals baumelnd, auf einer Großbaustelle, irgendwo in Osteuropa, aufkreuzt und die fachkundigen Besucher fragen, mit wie vielen Leuten so ein Goldbeck-Team anrückt, lautet die Antwort: »Mit sieben.« Die Asiaten glauben, sie hätten sich verhört: 700 oder 7000? »Nein, sieben.« Das ist die korrekte Auskunft. Wenn Goldbeck baut, wird vor Ort nur zusammengebaut: Der Beton kommt nicht flüssig in Eimern, sondern in Systembauteilen, vorproduzierten Komponenten. Die wiederum stammen aus eigenen Werken, deren Grundkonzept völlig identisch ist, das Material fließt im Goldbeck-Imperium überall nach dem gleichen Prinzip; ob in Bielefeld, im Vogtland, in Tschechien oder in Polen, wo sie überall Standorte mit Werken haben.

»Lego für Erwachsene« nennen sie das selbst. Wenngleich: So ganz stimmt das nicht. Wenn, dann wäre zumindest »Lego-Technik« der richtige Vergleich.

Bauen wird zum Hightechgewerbe, wenn die Goldbecks in die Zukunft schauen: In ihrer Vorstellung marschiert die Bauleitung nicht mit Klemmbrett und Funkgerät durch die Gegend, sondern mit neuestem digitalem Gerät, womöglich zukünftig mit der Augmented-Reality-Brille über der Nase. Die Digitalisierung hat die Baubranche erreicht (dazu später mehr), der Ehrgeiz ist, vorne dabei zu sein.

Heute schon sind die Goldbecks nicht nur das größte deutsche Bauunternehmen in Familienhand, sondern auch das größte Planungsbüro im Land: Niemand beschäftigt mehr Architekten und Ingenieure als sie. Die berühmten Großarchitekten bedienen eine andere Welt, haben nur begrenzte Lust auf diese Art zu bauen. Es ist ja wahr, die Goldbecks produzieren im Zweifel keine Kunstwerke für die Ewigkeit, sie liefern umbauten Raum mit funktionalem und ästhetischem Anspruch – ob für Elon Musk in Brandenburgs Wäldern, für den klassischen Mittelständler in der deutschen Provinz oder für Nokia seinerzeit in Rumäniens Steppe, wo die Fabrikation von Handys aus Bochum hinverlagert wurde und der »Goldbeck«-Schriftzug auf dem Baustellenschild es ausnahmsweise in die TV-Nachrichten schaffte.

Nokia ist längst weitergezogen, die arg demolierte Mobilfunksparte der Finnen hat Microsoft inzwischen gekauft. Goldbeck hat keinen Schaden genommen. Das Familienunternehmen folgt weiter dem, was der Kunde wünscht: 3000 Quadratmeter Fabrik und 1000 Quadratmeter Büro dazu, in der Größenordnung. Möglichst schnell und wirtschaftlich soll es sein: Preis, Zeit, Qualität sind entscheidend. Unter den richtigen Voraussetzungen können sie eine Logistikhalle in vier Monaten hinstellen.

Das Tempo auf dem Bau, auf dieser Art Bau jedenfalls (für Flughäfen sind andere zuständig), ist weit höher als vor Jahren, die Kosten dafür niedriger. Das zusammen lässt das Unternehmen in immer neue Höhen wachsen. Die Kurven für Umsatz wie Mitarbeitende ragen steil nach oben, die für den Gewinn auch, darüber verliert der Gründer freilich kein Wort. Wer Näheres dazu erfahren will, muss tief in die Akten des Bundesanzeigers steigen, um zu sehen, was am Ende des Jahres hängen bleibt: 184 Millionen Euro Ergebnis (vor Steuern) im Geschäftsjahr 2019/20. Kaum etwas ist der Familie unangenehmer, als auf den Listen der reichsten Deutschen aufzutauchen. So viel freilich sei festgehalten: Verluste hat es noch nie gegeben in dem halben Jahrhundert, seit Ortwin Goldbeck, der Stahlbauenthusiast und Selfmadeunternehmer, die Firma 1969 gegründet hat.

Als einen »Glücksfall für diese Stadt« feierte ihn seine Heimatzeitung, die »Neue Westfälische« in Bielefeld zum 70. Geburtstag. »Ein Vorzeigeunternehmer: authentisch, gläubig, glaubwürdig.« So ging es fort und fort. Trotzdem sei sein froher Mut noch angefügt. Getreu seinem Lieblingsdichter Theodor Fontane (1819–1898), das entsprechende Gedicht trägt Sohn Jan-Hendrik zum Abschluss auf dem Frankfurter Sommerfest vor.

Wer schaffen will, muss fröhlich sein

Du wirst es nie zu Tücht'gem bringen
Bei deines Grames Träumereien,
die Tränen lassen nichts gelingen:
Wer schaffen will muss fröhlich sein.
Wohl Keime wecken mag der Regen,
der in die Scholle niederbricht,
doch golden Korn und Erntesegen
reift nur heran bei Sonnenlicht.

EIN CHAMPION
AUS OSTWESTFALEN

Die Heimat der Goldbecks, dort, wo alles angefangen hat, wird reich bedacht mit Klischees: die »tiefverwurzelte Bodenständigkeit« der Ostwestfalen gehört dazu, das langfristige Denken ihrer Unternehmer ist eine weitere Zuschreibung, ebenso die Bescheidenheit, ja Schüchternheit im Umgang mit dem selbst Erreichten. »Prahlen mit vorzeigbaren Erfolgen ist ihre Sache nicht«, urteilte die »Welt am Sonntag« vor Jahren in einer Serie über »Heimliche Weltmeister«. Und ja, es stimmt: Hier, in Ostwestfalen, ist der ökonomische Erfolg zuhause.

Damit hebt sich die Region um Bielefeld ab vom Ruhrgebiet, dem Revier für industrielle Großkonzerne, arg geschunden über die letzten Jahrzehnte. Der Niedergang von Thyssenkrupp in Essen ist dafür nur ein Beispiel. Die Wirtschaft in Ostwestfalen-Lippe ist kleinteiliger organisiert, neben den hier ansässigen Konzernen verteilt sich die Verantwortung auf zahlreiche familiengeführte Unternehmen, ausgerichtet nicht auf den Kapitalmarkt, sondern eng verbunden mit der örtlichen Gesellschaft in Dorf oder Stadt.

Rund hundert sogenannte Hidden Champions werden in den Industrie- und Handelskammern (IHK) gelistet – grob definiert nach den Kriterien des Wirtschaftsprofessors Hermann Simon, der einst in Bielefeld Betriebswirtschaftslehre gelehrt hat und den Begriff der Hidden Champions geprägt und mittels mehrerer Sachbuchbestseller populär gemacht hat.

Für die »heimlichen Sieger« qualifiziert sich demnach, wer, global betrachtet, zu den top drei im betreffenden Markt gehört oder den ersten Platz auf seinem Kontinent belegt – und weniger als fünf Milliarden Euro Umsatz erzielt, infolgedessen der allgemeinen Öffentlichkeit kein Begriff ist. Klar, sonst wären die Champions ja nicht heimlich, auch wenn sie maßgeblich zum Erfolg Deutschlands als Exportnation beitragen.

Laut einer Studie der Stockholm School of Economics gehört Ostwestfalen-Lippe zu den herausragenden Clustern in Europa – »gekennzeichnet durch eine hohe Beschäftigungskonzentration, Innovationsfähigkeit und Exportquote«.

Im Maschinenbau, der Elektro- und Elektronikindustrie sowie der Automobilzulieferindustrie bieten demnach 400 Unternehmen Arbeitsplätze für rund 80 000 Beschäftigte, erwirtschaften einen Jahresumsatz von Dutzenden Milliarden Euro.

Ostwestfalen-Lippe sei eine »typische Region für Hidden Champions«, bestätigt Hermann Simon. »Nur mit Fokussierung wird man Weltklasse.« Als Beleg nennt er unter anderem Unternehmen aus der Industrieelektronik: Beckhoff in Verl, Harting in Espelkamp, Phoenix Contact in Blomberg, Wago in Minden oder Weidmüller in Detmold.

Ortwin Goldbeck entspricht geradezu archetypisch den Anforderungen an einen Hidden Champion: vollständig verwurzelt in der Gemeinschaft vor Ort, Berufliches wie Privates »vollständig integriert«, wie Prof. Simon das nennt. Da sich diese Unternehmer total identifizieren mit ihrem Unternehmen, gewinnen sie eine ganz andere, viel stärkere Überzeugungskraft als angestellte Manager in Großunternehmen. Im Gegensatz zu Vorständen, deren Verfallsdatum mit der Ernennung vorgegeben ist, spielen sie nicht irgendeine Rolle, »sondern leben, was sie sind und was sie sein wollen«.

Ostwestfalen, jener Landstrich, dem Sturheit nachgesagt wird, vereint eine ganze Latte global erfolgreicher Mittelständler, Familienunternehmen allesamt. Noch mehr Beispiele gefällig? Dr. Oetker etwa, die mit dem Abpacken von Backpulver groß geworden sind, ihr Geld mit Banken, Schiffen und ganz viel Pizza verdient haben. Oder der Medienkonzern Bertelsmann, mit der Senderfamilie RTL sowie dem größten Buchverlag der Welt (Penguin Random House), hervorgegangen aus einem kleinen Buchclub in Gütersloh, geprägt von Reinhard Mohn. Alles Familienbetriebe.

Ebenso Miele, der Hausgerätehersteller, getragen von Anbeginn von den beiden Familien Miele und Zinkann, geführt in einer Doppelspitze, Generation für Generation. Die Marke genießt einen derart sagenhaften Ruf, dass selbst Erich Honecker, das letzte Staatsoberhaupt in der untergegangenen DDR, in seiner Villa in Wandlitz, dem Reservat der SED-Bonzen, auf Miele-Geräte nicht verzichten wollte. Oder schauen wir auf die grün leuchtenden Claas-Mähdrescher aus Harsewinkel, die rund um den Globus auf den Getreideäckern ihre Runden ziehen.

Allesamt sind dies Weltmarktführer aus der ostwestfälischen Provinz. Umsatzkönige wie Hella (Lippstadt), Benteler (Paderborn), Melitta (Minden) oder Gildemeister (jetzt DMG Mori Seiki, Bielefeld) bleiben dabei noch unerwähnt. Auch diese Firmen haben ihre Heimat in jenem randständigen Landstrich; die Landeshauptstadt Düsseldorf ist gut zwei Zugstunden entfernt, die Vorzeigehochschule RWTH Aachen, anerkannte Ingenieurshochburg, liegt am anderen Ende des Bundeslandes.

Trotz dieser Lage, weitab vom Schuss, drängen sich die besten Unternehmen bundesweit in Ostwestfalen, schrieb die »Wirtschaftswoche«, als sie unter dem Titel »Warum in Ostwestfalen die meisten Weltmarktführer sitzen« nach Gründen für das ungewöhnliche Netzwerk suchte: »Nirgendwo sonst in Deutschland machen so viele Unternehmen jährlich einen Milliardenumsatz.«

Dazu passt diese Zahl: 80 Prozent aller in Deutschland produzierten Küchen werden in Ostwestfalen hergestellt, von der einfachen Ware für den Möbeldiscounter bis zum Luxusangebot a la Poggenpohl.

Generell gilt: Diese heimlichen Champions sind Familienbetriebe, hervorgegangen aus kleinen Handwerksbetrieben, wie auch die Schmiede der Goldbecks einst einer war. In der Regel haben die Familien den größten Teil ihres Vermögens im Unternehmen gebunden und haften damit voll. Sie tragen das unternehmerische Risiko, das Risiko für das eingesetzte Kapital und auch das Risiko des beruflichen Scheiterns. Das verspielt man nicht leichtfertig, zumal das Unternehmen sehr häufig auch noch den Familiennamen trägt, wie Ortwin Goldbeck anmerkt. Damit ist auch die gesellschaftliche Stellung des Unternehmers ans Wohlergehen seiner Firma gebunden. Und dafür zählen mehr als harte Bilanzzahlen die sogenannten weichen Faktoren, die Sicherheit der Arbeitsplätze etwa oder die Loyalität der Firma zum Gründungsstandort.

Die Historie dieses sich gegenseitig befruchtenden Netzwerks in Ostwestfalen, wie es Ortwin Goldbeck formuliert, gründet im 19. Jahrhundert, damals zog sich eine regelrechte Gründerwelle durch Ostwestfalen, wobei die Religion sicher eine Rolle gespielt hat, der Landstrich war sehr protestantisch »Ora et labora« – bete und arbeite, der aus dem Spätmittelalter überlieferte Mönchspruch, bis heute wesentlicher Grundsatz der Benediktiner, mag als Motto herhalten, wenngleich die Region nach der Reformation eindeutig evangelisch geprägt wurde.

»Man ging zur Kirche, der Protestantismus spielte eine wichtige Rolle«, berichtet Ortwin Goldbeck aus seiner Kindheit. Unternehmer- und Christentum gingen hier sehr gut zusammen.

So ist Bethel, korrekt die »v. Bodelschwinghschen Stiftungen Bethel«, heute eines der größten Sozialwerke der Republik, nicht von der Kirche gegründet worden, sondern von Unternehmern, weil es viele Epileptiker gab und die Fabrikanten sich um die »Fallsüchtigen« – wie diese Kranken genannt wurden – kümmern wollten. Schnell geschah dies dann in Zusammenarbeit mit der Kirche.

Stahlbauer Goldbeck fühlt sich diesem Erbe verpflichtet, hat sich über Jahre eingebracht in die Verwaltung der Sozialeinrichtung, hat sich in das Spannungsfeld gewagt zwischen ökonomischen Zwängen und moralischen Ansprüchen: »Du bist doch Christ, du kannst den Mann doch nicht entlassen« – diese zwiespältigen Fragen lassen sich in kirchlichen Einrichtungen nicht vermeiden, dazu später mehr.

Dieser Unternehmer ist als Kind Ostwestfalens in der Heimat so verwurzelt, dass ein Umzug – weder für ihn noch für die zentrale – je in Frage gekommen wäre. Eine Sitzverlage- n ein Steuerparadies aus kurzfristigen monetären Erwägungen? Keinesfalls, sagt Goldbeck. Er schwört auf »gegenseitige Verlässlichkeit« von Unternehmen und Ortschaften: »So was lässt sich nicht aus den Bilanzen herauslesen, wirkt sich auf die Produktivitätskraft aus. Ein Unternehmen wächst mit der Region zusammen. Beide prägen sich gegenseitig.«

Nie habe er überlegt, wegzuziehen, nicht mal nach Salzburg, gleich hinter der österreichischen Grenze, wo viele vermögende Familien sich steueroptimierend mit ihren Stiftungen niederlassen. »Das stand nie zur Debatte«, sagt Goldbeck. »Ich bin Ur-bielefelder, wir sind hier fest verwurzelt.«

Ja, die Bindung ist so stark, dass ein Umzug nie ein Thema gewesen sei, sagt Ortwin Goldbeck, der seinen Betrieb vor den Toren Bielefelds stetig vergrößert hat, Quadratmeter für Quadratmeter, Halle für Halle. 20 Hektar – die Fläche von gut 30 Fußballfeldern – umfasst das Areal heute, ein Vielfaches der kleinen Werkstatt, in der alles begonnen hat.

KINDHEIT UND JUGEND

»Drei Dinge entscheiden ganz wesentlich darüber, was aus einem Menschen wird«, sagt Ortwin Goldbeck, drei Faktoren, auf die man keinen Einfluss hat, bestimmen aus seiner Sicht den Werdegang: Wann wird man geboren? Wo? Und von welchen Eltern? Seine eigene Vita steht beispielhaft dafür: Jahrgang 1939, geboren in eine Handwerkerfamilie in Ostwestfalen.

15 Jahre früher, und er wäre als Soldat in die Hölle des Zweiten Weltkriegs geschickt worden. Und wer weiß, welches Schicksal auf ihn gewartet hätte, wäre er nicht in Bielefeld, sondern in Leipzig, hinter dem Eisernen Vorhang, oder irgendwo in Afrika aufgewachsen?

Rein theoretische Fragen, gewiss, doch genug, um die Gnade der eigenen Herkunft empfinden zu können. Ortwin Goldbeck ist ein Urwestfale, davon zeugen die Familiengeschichten von beiden Elternseiten. Der Stammbaum väterlicherseits lässt sich nachvollziehen bis in 17. Jahrhundert, Keimzelle der Familie ist demnach ein landwirtschaftlicher Hof im Flecken Isselhorst, der heute zu Gütersloh gehört. Die Vorfahren beider Familien entstammen dem Handwerk und der Landwirtschaft, alle leben sie in dieser Region.

1916 kauft der Großvater, Wilhelm Goldbeck mit Namen, die Liegenschaft in Bielefeld-Quelle an der Eisenstraße, dort zieht er mit Frau und sieben Kindern ein. Am 21. August 1920 meldet er sein Gewerbe offiziell an, der Name der Firma lautet: »Wilhelm Goldbeck Schmiedemeister«. Der Großvater ist als Hufschmied vor dem Ersten Weltkrieg für die Pferde der Kavallerie zuständig. Nach dem Krieg beschlägt er die Pferde der Bauern, repariert deren Wagen und Geräte, weshalb er als Schwarzarbeiter angezeigt wird. Daraufhin meldet er sein Gewerbe an.

Die örtlichen Voraussetzungen für den Start in die Selbständigkeit sind karg, der Betrieb hat keine richtigen Räume, nicht mal ein richtiges Dach, einzig ein Abdach dient als Schutz vor Sonne und Regen, ansonsten werkeln sie unter freiem Himmel, daher rührt der Name »Sunnen-Schmiede«. So nennt der Volksmund den Betrieb, den in zweiter Generation die Söhne, Wilhelm und Paul Goldbeck, übernehmen, die Schmiede verwandelt sich in eine Schlosserei.

In dieses Milieu wird Ortwin Goldbeck am 1. April 1939 hinein geboren, als Ältester von später insgesamt vier Kindern, zwei Schwestern (Jahrgang 1941 und 1943) sowie dem neun Jahre jüngeren Bruder, Jahrgang 1948. Der lernt später Bankkaufmann, arbeitet für eine Wirtschaftsprüfungsgesellschaft, ehe er Geschäftsführer der Stadtwerke in Steinhagen wird.

Beide Eltern, Frieda und Wilhelm (Willi) Goldbeck stammen aus Handwerkerfamilien. Am 31. März 1939, dem Tag vor der Niederkunft, führt die Mutter noch das Pferd mit dem Pflug, den der Schwiegervater durch die Furche lenkt.

Ortwin, der spätere Ehrenbürger Bielefelds, erblickt das Licht der Welt nicht innerhalb der damaligen Grenzen der Stadt, sondern in Gadderbaum, meist »Bethel« genannt. Er wächst im Ort Quelle auf, an der äußersten Grenze; da wo Ummeln, Quelle und Steinhagen zusammenstoßen. Das Baby ist kein halbes Jahr alt, als Hitler-Deutschland Polen überfällt, Ortwin Goldbeck ist ein Kriegskind. Den erlebt er im Schutz der Großfamilie, voller Vertrauen in die Mutter, die treibende Kraft in der Familie. Vater und Onkel führen den kleinen Handwerksbetrieb, werden beide nicht eingezogen. »Ich weiß nicht, warum beide nicht im Krieg waren, in dem Alter wären sie gewesen«, berichtet Ortwin Goldbeck. Vielleicht entkommen sie der Vernichtungsmaschinerie, weil sie mit ihrer kleinen Werkstätte auch für die Rüstung tätig sind, so eine Vermutung.

Nach den ersten Bombenangriffen auf Bielefeld wird bei ihnen eine Holzhalle aufgebaut, eine bessere Baracke, die Maschinen, die in Bielefeld aus dem Bombardement gerettet werden, landen dort, um hier außerhalb der durch Bomben gefährdeten Stadt weiter für die Rüstungsproduktion eingesetzt zu werden. Maschine an Maschine, dicht an dicht. »Daran erinnere ich mich als Kind. Wahrscheinlich war das der Grund, warum sie nicht eingezogen wurden.« So zumindest erklärt es sich die Familie im Rückblick. Groß darüber gesprochen wird in der Familie damals nicht, auch in den Nachkriegsjahren sparen sie das Thema weitgehend aus. Diese Generation hat im Wiederaufbau drängendere Sorgen, die junge Bundesrepublik braucht noch etliche Jahrzehnte, bis sie sich den Fragen von Schuld und Verantwortung im Zusammenhangt mit der Nazi-Diktatur stellt.

Ortwin Goldbeck ist gerade sechs Jahre alt, als Adolf Hitlers grausame Herrschaft in Trümmern endet, das Land in Schutt und Asche liegt, auch das von Bomben zerstörte Bielefeld. Obgleich ein kleiner Steppke, bekommt er das Geschehen mit, ohne dass sich der Schrecken in seinem Hirn einbrennt. »Den Krieg haben wir Kinder nicht als schwierig empfunden, wir hatten viele Freiheiten«, sagt er heute, der kirchliche Kindergarten in Ummeln sieht die Goldbeck-Kinder nicht (»das haben wir nicht vermisst«), sie halten sich in den Kriegsjahren zuhause auf: »Ich hatte trotz Kriegszeit eine sehr schöne Kindheit.«

Die Kinder halten sich in der Natur auf, rennen durch Wiesen und Wälder. Bäche und Bäume sind Spielplatz und Spielgerät: »Wir kannten jedes Vogelnest.« Die Lausbuben gehen mit der Zwille auf die Jagd, versuchen Vögel zu treffen. Das geht meist gut für die Tiere aus.

Dieses scheinbar unbeschwerte Leben trotzt den Schrecken des Krieges, in den Augen der Kinder setzt sich der Alltag bruchlos fort: Die Mutter, als prägende Kraft für Söhne wie Töchter, kümmert sich um die Landwirtschaft, der Vater um die Schlosserei, direkt neben dem Elternhaus, das Gedränge auf dem Anwesen ist groß: »Es waren viele Menschen auf dem Hof; Verwandtschaft, Nachbarskinder.«

Außerdem ist da noch eine Gruppe unfreiwilliger Mitbewohner: Kriegsgefangene aus Russland, zwei Dutzend Männer etwa, die als Strafarbeiter dem Familienbetrieb der Goldbecks zugewiesen werden, der damals auf engem Raum etwa 40 bis 50 Leute beschäftigt, dicht an dicht.

Die Kriegsgefangenen sind im sogenannten alten Haus untergebracht, einem heruntergekommenen Gebäude, wo unter dem Dach eine karge Schlafstätte hergerichtet wird.

Soldaten zu ihrer Bewachung werden nicht abkommandiert, die Zwangsarbeiter können sich einigermaßen frei bewegen. »Als

Kinder sind wir in ihre Schlafräume hochgeklettert«, erzählt Ortwin Goldbeck, der sich noch genau an jene Tage erinnert, auch an jenen 30. September 1944, als über Bielefeld die Bomben fallen. Nicht im Anwesen der Goldbecks am Rande der Stadt, in der Stadt schon: »Es war am hellichten Tag, um die Mittagszeit, die Leute standen auf der Straße und haben zugeschaut, wie über Bielefeld die Bomben fielen.« Der Sechsjährige empfindet das damals eher aufregend als furchteinflößend, wie ein besonderes Spektakel. Angst und Schrecken der Erwachsenen erreichen ihn noch nicht, das ganze Leid und Elend nach dem Angriff. Die Innenstadt Bielefelds ist zum Großteil zerstört, viele Menschen sterben, die Industriellenfamilie Oetker etwa verbrennt im Luftschutzbunker.

Es dauert noch ein halbes Jahr bis zur Kapitulation Hitler-Deutschlands und der Befreiung durch die Alliierten. Der erste Kontakt zur Besatzungsmacht ist für Ortwin Goldbeck ein Jeep mit amerikanischen Soldaten, die über die unbefestigte Straße angefahren kommen, ihr erstes Ziel ist ein ländliches Gefangenenlager. Die GIs lassen die von den Nazis inhaftierten Häftlinge frei, die umherlaufenden Puten auf dem Gelände, vor denen der kleine Ortwin furchtbare Angst hatte, werden geschlachtet, die amerikanischen Soldaten freuen sich auf gebratenen »Turkey«.

An einem dieser Tage im Mai 1945 fährt abends gegen 21 Uhr ein Armeewagen auf das Gelände der Goldbecks, die Soldaten mit dem Gewehr stürmen ins Haus, inspizieren die Räume, auch den Keller, wo für die russischen Zwangsarbeiter gekocht wurde. Die Männer der Familie verstecken sich im Dachgeschoss, die Mutter will nicht weichen. »Sie sagte immer nur: Ich bleibe

Totalverlust

…e bei den Kindern«, erzählt Ortwin Goldbeck. Das …ommando räumt das Haus; Fleisch, Schuhe, Kleidung – alles, was sie gebrauchen können, packen sie ein, von den Goldbecks wird keiner inhaftiert, keiner muss sich einem Entnazifizierungsverfahren oder Ähnlichem stellen, sie büßen nur mit dem Verlust von Hab und Gut: »Mein Vater hatte nur noch Holzschuhe, alles andere haben die Soldaten mitgenommen.«

Die russischen Gefangenen werden befreit, verabschieden sich von der Familie, manche mit Tränen der Wehmut in den Augen, »die hatten zu uns ein persönliches Verhältnis«. Die wiedergewonnene Freiheit endet für manche von ihnen im Straßengraben, so alkoholselig feiern sie das Ende des Nazi-Schreckens.

Nach einem strengen Winter erlebt Ostwestfalen ein wunderschönes Frühjahr 1945, für Ortwin Goldbeck verzögert sich durch den Krieg der Schulbeginn. Normalerweise wird zu Ostern eingeschult, in jenem Jahr ausnahmsweise erst im Herbst, in der Schule campieren zu der Zeit noch die amerikanischen Soldaten, also weichen die Lehrer aus in das ausgemusterte ehemalige Schuldgebäude in Quelle als Provisorium, drei Kilometer Fußmarsch von der Goldbeck'schen Schmiede entfernt, nur anfangs bringt ihn die Mutter hin, dann ist er auf sich gestellt.

60 Kinder, viele davon aus Flüchtlingsfamilien, pferchen die Lehrer in eine Klasse, die äußeren Zustände sind jämmerlich, der pädagogische Anspruch unter jedem Standard. »Nach dem ersten Schuljahr konnte ich weder lesen noch schreiben«, sagt Goldbeck.

Zu Ostern 1946 ziehen die Klassen um in die richtige Schule, die Umstände bessern sich, der Schulweg für die Goldbeck-Kinder wird kürzer. In dem neuen Gebäude stehen mehr Räume zur

Verfügung, dadurch können die Kinder auf mehrere Klassen verteilt werden, unterrichtet werden sie zunehmend von jüngeren, politisch unbelasteten Lehrern, nachdem die alten sich alle mehr oder minder auf die Nazis eingelassen hatten, wie es Ortwin Goldbeck ausdrückt.

Eine dieser jungen Pädagoginnen, gerade fertig mit der Ausbildung, übernimmt den Unterricht seiner Klasse, sie bleibt an der Schule bis zu ihrer Pensionierung (und wird später somit zeitweise Kollegin von Goldbecks Frau Hildegard).

Der Junge aus der Schmiede wechselt 1950, nach der Grundschule, auf die Realschule, in seinen Kreisen, unter Handwerkerfamilien, geht man nicht aufs Gymnasium. Die Realschule, damals »Mittelschule« genannt, ist das Äußerste. Nach sechs Jahren holt Ortwin Goldbeck sich dort das Zeugnis für die Mittlere Reife ab.

Was er in der Schule an Rechnen, Religion und Sachkunde nicht lernt, das lehrt ihn die Mutter zuhause; Herzensbildung sowie praktisches Geschick im elterlichen Hof. Gerade mal zwei Hektar Land und zwei Kühe gehören dazu, große Sprünge sind damit nicht zu machen, die Fläche reicht allenfalls zur Selbstversorgung, gleichwohl müssen die Kinder früh ran, sie müssen die Mutter in der Landwirtschaft unterstützen, während der Vater in der Schlosserei arbeitet: »Als wir 7, 8 Jahre alt waren, mussten wir das Vieh auf der Weide hüten, die etwa 500 Meter vom Haus entfernt war.«

Hacken, pflügen, ernten, Heu und Stroh machen – all das war Teil der damals nicht unüblichen Kinderarbeit auf einem landwirtschaftlichen Anwesen. Und Ortwin als der Älteste hat dabei eine gewisse Verantwortung, das macht ihm die Mutter immer wieder klar. So geht auf ihn mit 11 oder 12 Jahren die Pflicht des Hühnerschlachtens über.

Der Vater kann kein Blut sehen, deswegen übergibt ihm die Mutter diese Aufgabe: Schlachten, Rupfen, all das. Nicht, dass ihm dies Vergnügen bereitet, aber einer muss es tun. Das ist seine Plicht. Den Anweisungen der Mutter folgt er damals manchmal widerwillig, manchmal ganz gerne. »Dieses Pflichtgefühl hat mich jedenfalls geprägt«, sagt Goldbeck heute. »Wir hatten zwar ganz viel Freiheit, aber Mutter hat uns auch die Werte vermittelt, verantwortungsvoll mit dieser Freiheit umzugehen.«

Nebenbei hilft er schon immer in der Firma, im Schmiedebetrieb, mit glühendem Eisen, im Feuer zu hantieren fasziniert ihn, »mit 12 konnte ich schweißen, das hat mir Spaß gemacht«. Schrauben reindrehen – das war eine Arbeit für die Kinder. Derart geschult in einem handwerklich geprägten Elternhaus, artikuliert die Mutter früh den Wunsch, dass er – als der Erstgeborene – den Stab übernimmt, also eine handwerklich-technische Ausbildung absolviert, um das Handwerk von Vater und Großvater fortzuführen. Ortwin Goldbeck wehrt sich nicht, im Gegenteil. Die Wünsche treffen auf offene Ohren: »Schon in der Schule und während der handwerklichen Lehre wuchs mein Interesse für den Beruf des Ingenieurs.«

LEHR- UND WANDERJAHRE

Der Berufsweg des Ortwin Goldbeck ist bis zu einem gewissen Grad vorgezeichnet. Aus ihm sollte ein Schlosser werden. Das will er selbst. Das will auch seine Mutter, als ersten, notwendigen Schritt zu dem, wozu sie ihn von klein auf ermuntert: Du musst Ingenieur werden, das ist ihre fortwährende Rede, schon von der Einschulung an, ihren eigenen Bruder, einen Bauingenieur, als Vorbild vor Augen. 1956, als Ortwin Goldbeck, ihr Ältester, die Schule verlässt, steht eine Lehre an und sein Entschluss fest: »Ich will Schlosser werden!«

Die Trümmer des Krieges sind zu der Zeit allmählich beseitigt, das sogenannte Wirtschaftswunder bricht sich Mitte der 1950er Jahre Bahn. Ortwin Goldbeck fühlt sich beflügelt. Die Jugend in den Wiederaufbaujahren behält er als eine »dynamische, ungeheure motivierende Zeit« in Erinnerung.

Der junge Mann will raus aus der familiären Enge, will die Ausbildung nicht im Betrieb des Vaters absolvieren, sondern draußen in der Welt. Allein, es erweist sich als schwierig in jenen Jahren, einen Ausbildungsplatz zu ergattern, da es generell wenige Lehrstellen gibt. Der Vater verspricht sich zu kümmern, daraus ergibt sich zu seinem Bedauern nichts. Es klappt nicht mit dem Aufbruch in die weite Welt. Ortwin Goldbeck landet schließlich doch im Familienunternehmen, bleibt als Lehrling unter den Augen von Vater und Onkel. »Ich hatte trotzdem viele Freiheiten, habe die praktische Arbeit sehr gemocht.«

Im Jahr 1956 beginnt er formell seine Ausbildung, die Sache lässt sich glücklich an, er kommt schnell voran, macht sich unentbehrlich. Sobald er ans Steuer darf, fährt er mit seinem Handwerkertrupp auf die Baustellen: »Mit 14 konnte ich Autofahren, mit 18 durfte ich es dann auch offiziell.«

Ihm schmeckt die neue Freiheit, die handwerkliche Ausbildung bietet ihm mehr Entfaltungsmöglichkeiten als die Schule in den Jahren zuvor. »Ich bin da nicht widerwillig hingegangen, war aber froh, als es vorbei war, in der Lehre spürte ich die größere Freiheit.« Noch immer orientiert er sich mehr an der Mutter als am Vater, seinem formellen Lehrmeister. »Meinen Vater habe ich Jahre später mehr geschätzt als in dieser Zeit.« Erst mit einiger Verzögerung stellt sich Bewunderung ein für dessen handwerkliches Geschick, die Experimentierlust, die Tüfteleien.

Vater Goldbeck ist ein geselliger Mensch, geht abends gerne in die Kneipe. Wird es für das Empfinden seiner Frau zu spät, muss ihn der Sohn spätabends schon mal dort abholen: »Da war eher ich die Respektsperson als er«, erzählt Ortwin Goldbeck.

Mit dem Respekt ist es überhaupt so eine Sache. Der Lehrer in der Berufsschule hat ihn sich aus Sicht des angehenden Schlossers nicht verdient. Der Mann fordert Dinge, die Goldbeck widerstreben, die er sachlich für falsch hält. Der Lehrling widerspricht, wird dafür mit schlechteren Zensuren abgestraft. »Das hat mich gekränkt«, sagt Ortwin Goldbeck. »Nachdem ich gemerkt habe, dass es keinen Zweck hat, gegen den Lehrer anzuarbeiten, habe ich mich angepasst, so wurde ich der Beste in der Berufsschulklasse.«

Sein Gesellenstück, 1959 abgeliefert, macht in Fachkreisen Furore. Goldbeck ist heute noch sehr stolz auf die damals entstandene Gartenpforte für das Elternhaus, die er gebaut hat. Für den Rahmen verwendet er die üblichen Stahlrohre, das Besondere sind die unsichtbaren Scharniere, die in der Rohrkonstruktion versenkt werden. Das Prinzip folgt dem einer Autotür: damals eine wahre Innovation!

Während der Ausbildung zum Schlosser bereitet er sich nebenbei bereits auf den nächsten Schritt vor auf dem Weg zum Karriereziel Ingenieur. Und das nach zehn Stunden Arbeitszeit für Lehrlinge.

Um sieben Uhr in der Früh geht es los, viertel vor sechs am Abend ist Feierabend. Um 18 Uhr startet er dann, vom elterlichen Anwesen aus, mit dem Fahrrad in Richtung Bielefeld, zur Fachvorbereitung für das Ingenieurstudium. Gegen 22 Uhr kehrt er zurück, die Mutter erwartet ihn mit einer Pfanne Bratkartoffeln, fern sind die Zeiten leichter Fitnessküche in den deutschen Wirtschaftswunder-Küchen.

Die Mühen eines 15-Stunden-Tages nimmt der junge Mann auf sich, weil er gehört hat, dass die Staatliche Ingenieurschule für Maschinenbau in Dortmund den Fachbereich Maschinenbau/Stahlbau anbietet – eine spezielle Kombination, die ihn interessiert: »Das war genau das, was ich wollte.«

Vor dem begehrten Studienplatz steht freilich eine Aufnahmeprüfung. Um die zu bestehen, ist unter anderem der Schwerpunkt einer asymmetrischen Fläche zu berechnen. Ortwin Goldbeck erinnert sich daran bis heute, schließlich steht für ihn damals einiges auf dem Spiel. Die Dortmunder Schule lässt nur 20 Prozent der Bewerber zum Studium zu, 120 der 150 Kandidaten werden mittels Aufnahmeprüfung ausgesiebt. Goldbeck besteht auf Anhieb: »Als der Brief mit dem Ergebnis ankam, zitterten mir die Hände.« Später erfährt er von einem der Professoren, dass er als viertbester Prüfling durchs Ziel ging, ausschlaggebend dafür waren die guten Zensuren der Realschule in Mathematik, Physik, Chemie.

Dabei hatte ihn die Schule nur mäßig interessiert, sie weckte in ihm keine Leidenschaft, sagt er selbst, als Teenager lernt er nicht unwillig, aber auch nicht besonders gerne. Das ändert sich mit dem Studium, nun ist das Feuer erwacht, auch für theoretische Fragen: »Ich spürte eine drängende Wissbegierde und merkte, dass ich nun endlich etwas konnte, was mir als Schlosser fehlte, zum Beispiel Tragfähigkeiten zu berechnen. Diese Zeit war wunderbar.«

Er wohnt zum ersten Mal nicht mehr im Elternhaus, abgesehen von den vorlesungsfreien Zeiten, in denen er natürlich im elterlichen Betrieb mitarbeitet.

Sein Lebensmittelpunkt verlagert sich nach Dortmund, wo 1959 seine Ingenieursausbildung beginnt, ganz anders als heute: Die Studenten sitzen in der Klasse, nach jedem Semester gibt es ein Zeugnis, das über das weitere Schicksal bestimmt. Zwei Arbeiten sind dafür zu überstehen, nach dem ersten Semester wird ein Drittel der Studenten ausgeprüft. Die Note »nicht ausreichend« bedeutet: Das Semester muss wiederholt werden.

Computer sind in jenen Tagen noch in weiter Ferne, die Werkzeuge des angehenden Ingenieurs sind Bleistift und Papier, dazu der Rechenschieber. »Ich habe richtig rangeklotzt«, sagt er. Der Einsatz lohnt sich: Als einer von vieren beendet er das Studium 1962 mit der Note »gut«, ein Examen, das ihm die Hochschulreife sichert und somit zum Sprung an die Hochschule berechtigt.

Neue Chancen tun sich damit auf: Junge Ingenieure sind in der Zeit sehr umworben. Goldbeck ist stolz, gleichzeitig stellt ihn der vorzügliche Abschluss vor eine schwere Entscheidung: Soll er, wie die meisten anderen begabten Jungingenieure, an der Hochschule weiter studieren? Oder folgt er dem Wunsch der Eltern, die ihn anflehen, nach Hause zu kommen, in den Betrieb, wo die Arbeit und die Nachfolge auf ihn warten? Unschlüssig überlegt er hin und her, am Ende überwiegt die Furcht, die Familie im Stich zu lassen, er folgte dem Ruf, zurück in den Betrieb zu kommen.

Drei Monate Berlin gönnt er sich noch, für eine Fortbildung zum Schweißfachingenieur, dann geht es nach Hause mit dem leichten Schmerz, fortan als »Schmalspuringenieur« zu gelten. Die Argumente der Mutter sind stärker, obschon er eine Stelle in Berlin in Aussicht hatte. »Das geht nicht«, so die Mutter, er müsse nach Hause kommen, schon um das innerfamiliäre Gleichgewicht im Betrieb zu wahren. Gegen Onkel und Cousin setze sich der Vater in manchen Dingen nicht durch.

Widerwillig fügt sich der älteste Sohn, nimmt sich freilich vor: »Jetzt mach ich alles anders.« Vollgestopft mit theoretischem Wissen, wie er nun mal war: »Da gab es dann schon Ernüchterungen: Vieles, was ich im Studium gelernt hatte, war jetzt gar nicht gefragt. Manche vermeintlich gute Idee war in

der praktischen Wirklichkeit nicht umzusetzen.« Diese Er-
nüchterung soll schließlich maßgeblich beitragen zu dem Entschluss, ein eigenes Unternehmen zu gründen. »Nur hier hatte
ich die Freiheit, um neue Ideen umzusetzen.«

TRÄNEN IM WALD –
DIE EMANZIPATION
VON DEN ELTERN

Eine alte Spindelpresse wird zum Symbol für die Emanzipation Ortwin Goldbecks von der Familie. Die Maschine steht ihm – im wörtlichen Sinne – im Weg in der alten Schlosserei, obendrein verkörpert sie in seinen Augen den Stillstand im Betrieb von Vater und Onkel, Wilhelm und Paul Goldbeck. Eine für beide Seiten schmerzvolle Situation.

Die Stimmung ist angespannt, der junge blendend ausgebildete Ehrgeizige will nach der Rückkehr das Unternehmen modernisieren, will sich und sein Wissen beweisen, die Alten würden am liebsten alles so lassen: der permanente Widerstand gegen seine Ideen zermürbt Ortwin Goldbeck: »Mir fehlte ein Erfolgsgefühl. Manchmal fuhr ich mit dem Auto los, stellte mich in einen Waldweg und weinte vor Wut und Ratlosigkeit.«

Von außen steht der Betrieb unter ökonomischem Druck, es sind keine guten Zeiten für landwirtschaftlich orientierte Schmieden und Schlossereien, da der Agrarsektor sich grundsätzlich wandelt. Intern hat der Juniorchef gegen sich eine Mannschaft

Vertrauen ist besser

von 15 bis 20 Leuten, alte Kempen, die in ihrem Trott gefangen sind, ihn so gut es geht ausbremsen mit seinen allzu forschen fortschrittlichen Ansichten. Dazu kommt die komplexe Machtstruktur der Eigentümer: zwei Familien, zwei Generationen. Die Alten beharren auf Althergebrachtem, der Vetter, ein Kaufmann, fällt ebenfalls aus als Verbündeter, da er anders tickt als er, der leidenschaftliche Jungingenieur: »Ich habe Fehler gemacht, war auch zu forsch, das hat mich belastet.«

Der Konflikt eskaliert über jene bereits erwähnte alte Spindelpresse, eine Maschine, die der Junior unbedingt raushaben will. Vater und Onkel weigern sich, das Ungetüm aus der Mitte der Werkstatt zu entfernen. »Damit haben wir im Krieg so viel Geld verdient«, ist ihr Argument. Eben – im Krieg, in längst vergangenen Zeiten, auch schon wieder ein Vierteljahrhundert her.

Ortwin Goldbeck setzt sich schließlich durch: An einem Wochenende schreitet er zur Tat, baut die Maschine ab. Die Alten rühren keinen Finger. Vater und Onkel stecken den Kopf rein, dann sind sie wieder weg, mit Tränen in den Augen. Die Maschine verschwindet, nicht aber die Unzufriedenheit des Erneuerers, der weiter gegen Wände läuft.

Dies ändert sich alles, als er Mitte der 1960er Jahre ein junges Mädchen kennen lernt: Hildegard, seine spätere Frau. 1967 heiraten die beiden. Als sie sich mit dem Gedanken anfreunden, Brot und Bett zu teilen, das Leben gemeinsam zu verbringen, debattieren sie, innerhalb welchen Rahmens das gelingen könnte, ob eine Zukunft im Betrieb der Eltern eine Verheißung ist, kommt Ortwin Goldbeck schnell zum gegenteiligen Ergebnis: Nein. So geht es nicht. Das passt nicht zusammen. Deshalb fasst er den Entschluss, sich selbständig zu machen. »Als ich meinen Eltern von meinem Plan erzählt habe, haben sie das erst mal nicht ernst genommen.« Flausen halt, das legt sich schon wieder, keine Sorge. So lässt sich die Reaktion von Mutter und Vater zusammenfassen, die den Willen des Sohnes grob unterschätzt haben. »Ich war getrieben von dem Wunsch, etwas Eigenes zu gründen, unabhängig vom elterlichen Betrieb, wo sich für mich, das hatte ich bald erkannt, nur wenig bewegen ließ und wo ich für meine Zukunftsvorstellungen keine Perspektiven sah.« So distanziert beschreibt Ortwin Goldbeck Jahrzehnte später den Prozess der Abnabelung.

Da der Schritt in die unternehmerische Freiheit nicht über Nacht zu bewerkstelligen ist, es aber vorangehen muss, schreibt sich Goldbeck bei der Handwerkskammer für die Vorbereitung zur Meisterprüfung ein. Dabei lernt er Dr. Hans Tönsmann, einen Betriebsberater der Handwerkskammer, kennen, der ihm zum Mentor wird: »Ich fasste Vertrauen zu ihm, und er wurde mein Steigbügelhalter.« Dem Familienfremden schüttet der junge Goldbeck das Herz aus, stellt ihm seine Idee der Selbständigkeit vor, Tönsmann rät ihm zu: »Machen Sie das, ich helfe Ihnen.«

1967, im Jahr seiner Hochzeit, legt Goldbeck die Meisterprüfung ab, seine Pläne werden somit konkreter. Ortwin Goldbeck schlägt der Familie zunächst eine Realteilung vor, die unternehmerische Trennung von Stahlbau und Blechbearbeitung. Einen Teil macht er auf eigene Faust, so die Idee dahinter, den anderen behalten Vater und Onkel. Die aber zögern, können sich mit den Ideen des aufmüpfigen Sohnes und Neffen nicht anfreunden. Der aber meint es ernst, sucht Land für sein Glück als Unternehmer, guckt sich mit seiner Frau überall in der Umgebung um, wird schließlich fündig in Ummeln, einem kleinen Vorort von Bielefeld, der vier Jahre später zu einem Stadtteil wird. Hier will eine alleinstehende Frau einen Teil ihrer kleinen Besitzung verkaufen. Ein Glücksfall für den angehenden Jungunternehmer Goldbeck, da er ihr später weitere Teile sowie Nachbargrundstücke nach und nach abkaufen kann.

»Als ich die Zusage für ein Grundstück hatte, hat die Familie meine Selbständigkeit akzeptiert«, erinnert sich Ortwin Goldbeck. Damit ist der junge Meister und Ingenieur nicht mehr aufzuhalten, der Schnitt von der Familie wird vollzogen, zurück bleiben die Wunden des jahrelang schwelenden Kampfes, einer haarigen Auseinandersetzung, auch wenn es »kein komplettes Zerwürfnis« war, wie Ortwin Goldbeck im Rückblick sagt: »Wir haben weiterhin miteinander gesprochen und auch, wie vereinbart, keine gegenseitige Konkurrenz gemacht.«

GLAUBE UND WERTE – DIE CHRISTLICHE PRÄGUNG

Für Ortwin Goldbeck beginnt der Tag mit dem Radio, von dem er sich – rechtzeitig vor den WDR-Nachrichten – wecken lässt. Jeden Tag, zehn vor sieben. Wenige Minuten später beginnt die Morgenandacht. Ist sie gut, ist er hellwach bei der Sache, wenn nicht, schlummert er womöglich nochmal weg. Der christliche Glaube spiele für ihn eine wichtige Rolle, sagt Ortwin Goldbeck. Gleichwohl hat er seine Vorbehalte gegen die Kirche als Institution, »da bin ich nicht mit allem einverstanden, aber ich unterstütze die Kirche vor Ort«, sagt der Mann, der als Teenager im CVJM (Christlicher Verein junger Männer) sozialisiert wurde, den Kinderglauben aber hinter sich gelassen hat.

Missionarischer Eifer ist ihm fremd, Frömmelei ebenso. Die Gruppen innerhalb der Kirche, welche die Bibel wörtlich nehmen, erst recht. »Das kann ich nicht.«

Gefährlich wird es aus seiner Sicht auf der anderen Seite, wenn die Kirche, seine protestantische Kirche vor allem, sich zu stark in den politischen Bereich bewegt, noch dazu in eine Richtung, die ihm nicht behagt. »Das halte ich für falsch.«

Wie oft bekommen Kirchgänger antikapitalistische und antimarktwirtschaftliche Töne von der Kanzel zu hören? Oder in den Worten von Friedhelm Wachs, einem Unternehmensberater und Vorsitzenden des Arbeitskreises Evangelischer Unternehmer, einer wirtschaftsfreundlichen Organisation innerhalb der Kirche. »Für viele Pfarrer ist der Unternehmer so lange gut, wie er spendet, danach ist er wieder böse.«

Da hält Ortwin Goldbeck es eher mit der Wirtschaft gegenüber aufgeschlossenen Kirchenleuten wie Wolfgang Huber, dem ehemaligen Bischof in Berlin und Ratsvorsitzenden der Evangelischen Kirche in Deutschland (EKD): »Vor ihm habe ich Hochachtung, ein sehr inspirierender Mann.« In seiner Funktion als IHK-Präsident in Ostwestfalen hat Goldbeck den Theologen vor Jahren mal zu einem Vortrag nach Bielefeld geholt, nachdem ihn dieser in einer Veranstaltung in Berlin fasziniert hatte.

Von Bischof Wolfgang Huber stammt das Wort »Solidarität braucht Profitabilität«, das Goldbeck jederzeit unterschreiben kann: Man müsse erst etwas erwirtschaften, ehe man einen Beitrag zum Gemeinwesen leisten könne, so die – für manche kirchliche Kreise reichlich anstößige – Überzeugung des ehemaligen EKD-Ratsvorsitzenden Huber, auch wenn der kritisch anmerkt, dass eine nur von Eigennutz und Gewinnstreben getriebene Wirtschaft ohne wirklichen Sinn und Zweck in die Zukunft hinein operiert. Arbeit und Pflicht, so hat der Soziologe Max Weber die »protestantische Arbeitsethik« beschrieben und darin die Triebfeder für klassisch kapitalistisches Denken erkannt. »Der Mensch ist zur Arbeit geboren wie der Vogel zum Fliegen«, zitiert Huber den Reformator Martin Luther. Auch dies ein Satz, der auf Goldbecks Zustimmung trifft.

Es sind pietistisch geprägte Unternehmer wie Berthold Leibinger (1930–2018), der tief protestantische Übervater des schwäbischen Maschinenbauers Trumpf, denen Ortwin Goldbeck sich verbunden fühlt, noch dazu, wenn es sich um Selfmadetypen wie ihn handelt.

Leibinger beginnt einst als Lehrling in dem Betrieb und erwirbt sich mittels der Patente, die ihm seine Tüfteleien einbringen, nach und nach die Anteile an dem Unternehmen, heute ist Trumpf der Stolz des schwäbischen Mittelstands, Weltmarktführer der Lasertechnik und einzig in der Hand seiner Erben.

Goldbeck wie auch die Leibingers würden nie behaupten, dass eine christliche Unternehmensführung anderen überlegen ist: Aber ein Unternehmertum, das auf Werten beruht, ist überlegen, das schon.

Ja, das ist für diese Art Unternehmer Voraussetzung für nachhaltigen Gewinn und damit den langfristigen Erfolg. Oder in den Worten des – ebenfalls pietistisch geprägten – ehemaligen BDI-Präsidenten Hans-Peter Keitel (lange Jahre Chef des Baukonzerns Hochtief): »Das Ziel guten Wirtschaftens liegt nicht in der Wirtschaft selbst, sondern in ihrer menschlichen und gesellschaftlichen Bestimmung.«

Gegen Gewinnmaximierung als Ziel sei erst mal nichts zu sagen, sagt Hans-Jörg Naumer, führender Anlagemanager im Allianzkonzern und aktiv im Arbeitskreis evangelischer Unternehmer (AEU), solange es eingebettet ist in Rücksicht auf andere, auf die Gesellschaft, auf die Umwelt. Das Streben nach Gewinn sei der »eigentliche Treiber«, der Anreize setzt, »im Wettbewerb das bestmögliche Ergebnis zu erzielen«. Die Jagd nach der Rendite, würde Ortwin Goldbeck anfügen, dürfe aber nicht der

eigentliche Sinn, oder neudeutsch Purpose, des unternehmerischen Handelns sein.

Wer aber Unternehmertum und Marktwirtschaft von vornherein verteufelt, blendet die segensreichen Aspekte wirtschaftlichen Handelns aus, es ist innerhalb und dank des Wirtschafts-
systems gelungen, etwa die UN-Milleniumsziele früher zu
erreichen, die Zahl der in extremer Armut lebenden Menschen
zu halbieren, fünf Jahre früher als geplant. So berechtigt es ist,
wenn – auch Kirchenleute – Fehlentwicklungen anprangern,
etwa im Bankensektor vor der Finanzkrise, so zweifelhaft bleibt
es, wenn diese Kritik in blinde Kapitalismuskritik umschlägt,
verbunden mit einer diffusen Dämonisierung von Managern
und Unternehmern. Diese Haltung ist es, die diese Gruppen
entfremdet von ihrer Kirche. Kein Wunder, wenn prominente
Unternehmer wie Heinrich Deichmann oder Friedhelm Loh ab-
wandern zu Freikirchen.

Ortwin Goldbeck stimmt es traurig, wenn er sieht, wie die
Kirchen, unabhängig von der Konfession, an Bedeutung verlieren, in manchen Landstrichen gar ganz aus dem öffentlichen
Bewusstsein treten. »Die Kirchen haben gerade in der Nach-
kriegszeit eine wichtige Rolle gespielt, es wäre schade, wenn die
Institution verschwindet. Wir brauchen die Kirche, um die Gesellschaft zusammenzuhalten.«

Er selbst, in der Volkskirche aufgewachsen, musste sich die
Heilige Schrift nicht erst aneignen, früh hat er christlichen
Geist, die christlichen Geschichten eingesogen. Die Goldbecks
sind tief verankert im protestantischen Wurzelwerk. Der Schü-
ler Ortwin mag zehn oder elf gewesen sein, als er der Mutter sein
Interesse an der Jungschar berichtet, am CVJM, dem Christ-

lichen Verein junger Männer, wie die Organisation damals noch hieß. Darf ich da hin? »Ja, natürlich«, lautet die Antwort, schließlich verstehen sich die Eltern als fester Teil der Kirchengemeinde Ummeln, auch wenn sie keine artigen sonntäglichen Kirchgänger sind. Trotzdem: Die Kirche spielt in der ländlichen Region jener Zeit eine große Rolle, der Pastor ist eine Respektperson, der Konfirmationsunterricht ist noch echter Unterricht. Mit Psalmenbüffeln, Lieder-Auswendiglernen und allem Drum und Dran.

Als Jugendlicher sucht Ortwin Goldbeck nicht nach einer speziell kirchlichen Gruppe, sondern die Gemeinschaft mit Gleichaltrigen: »Es gab ja nicht viel: Entweder war man im Sportverein oder im CVJM. Dort hat sich die Jugend getroffen«, erzählt der Unternehmer, der mit Fußball noch nie viel im Sinne hatte, dafür eifrig die CVJM-Abende besucht; anfangs einmal die Woche, später jeden Abend. »Das war meine Heimat, da habe ich viele Freunde kennen gelernt, das hat mich geprägt.«

Diese Abende oder CVJM-Freizeiten sind es, die Beziehungen fürs Leben begründen, sei es mit dem späteren Teilhaber und Weggefährten Hans-Heinrich Knufinke oder mit diversen Kunden rund um Bielefeld. So mancher Auftrag, gerade in der Anfangszeit seiner Firma, geht auf Freundschaften in der christlichen Jugendgruppe zurück.

Als Goldbeck konfirmiert wird, und somit vollwertiges Mitglied der Kirchengemeinde, wird er gefragt, ob er nicht Jungscharleiter werden wollte. »Ich habe mich geehrt gefühlt und das dann etliche Jahre gemacht.« Er macht mit als Helfer für den Kindergottesdienst, betreut die Jugendgruppe, all solche Sachen. »Mein primäres Interesse war es, mit anderen zusammen etwas zu unternehmen. Dies hätte auch in einem anderen Verein statt-finden können.«

In seiner Organisation ist der CVJM, gegründet 1883 als Christlicher Verein Junger Männer (heute Christlicher Verein Junger Menschen), freilich nicht zu vergleichen mit einem Fuß-ballclub. Die vier Buchstaben stehen für die größte überkonfes-sionelle christliche Jugendorganisation, organisiert in 120 nati-onalen Verbänden, tendenziell eher protestantisch ausgerichtet, zuweilen auch evangelikal.

International ist der Name YMCA gebräuchlich, auch kir-chenfernen Schichten bekannt aus dem gleichnamigen Lied der Popband Village People aus den 1980er Jahren.

Ortwin Goldbeck bekennt sich bis heute zu diesen seinen Wurzeln wie zu seinem christlichen Glauben. »Als Christ und Unternehmer habe ich eine besondere Pflicht und Verantwor-tung in unserer Gesellschaft«, sagt er etwa im Festgottesdienst zum Jubiläum der Diakonischen Stiftung Ummeln. »Überall, wo ich auftrete, mache ich deutlich, dass ich als Christ eben christli-che Wertvorstellungen habe, denen ich mich verpflichtet fühle.« Er zitiert einen Bibelvers aus dem zweiten Paulusbrief an Timo-theus, der ihm in schwierigen Zeiten Mut macht: »Gott hat nicht einen Geist der Verzagtheit gegeben, sondern der Kraft, der Liebe und der Besonnenheit.«

DIE DYNAMIK DES GRÜNDERS

Endlich eigener Herr!

Wer eine Firma gründen will, braucht dafür Geld, »Risikokapital«, wie es so schön heißt. Risiko deshalb, weil die Wahrscheinlichkeit, es zu verlieren, durchaus gegeben ist. Neun von
zehn jungen Unternehmen scheitern. Das ist die Faustregel für
Start-ups, sprießen sie in den sprichwörtlichen Garagen im Silicon Valley oder auf einer grünen Wiese nahe Bielefeld.

Die Banken sind in den seltensten Fällen sonderlich frei-
giebig bei Neulingen, es braucht Vertrauen, es braucht Leute,
die an den Gründer glauben. Im Fall von Goldbeck heißt jener Mentor Hans Tönsmann, der bereits erwähnte angestellte
Handwerksförderer, er setzt sich dafür ein, dass der Jungunternehmer eine Bürgschaft von der Kreditgarantiegesellschaft
des deutschen Handwerks bekommt. Mit dieser Garantie und
der Bürgschaft seiner Ehefrau gibt ihm die Volksbank Brackwede ein Darlehen über 300 000 D-Mark. Das klingt erst mal
nach viel, die Hälfte jedoch ist weg, als Goldbeck das Grundstück bezahlt, das er braucht, um seinen Betrieb hochzuziehen.

Wie gesagt, die unentbehrliche Stütze in diesen Tagen ist Hildegard Goldbeck, seine Frau, die ihr Gehalt als Lehrerin verbürgt, (»die Bürgschaft haben wir erst Anfang der 1980er Jahre weggekriegt«).

Sie ist der entscheidende Wegbereiter in die Freiheit, nachdem die beiden zwei Jahre zuvor geheiratet haben. Am 1. September 1969 geht es los mit der Goldbeck KG Hallenbau und Stahlbau, etabliert zur Produktion von Stahlbauelementen. »Die Kraft zur Firmengründung fand ich durch die Gründung einer eigenen Familie«, sagt Goldbeck – da scheint schon wieder die maßgebliche Rolle jener Frau durch, für die es höchste Zeit ist, an dieser Stelle vorgestellt zu werden: Hildegard Goldbeck, aufgewachsen wie er in einem Handwerksbetrieb, genauer gesagt in einer mittelgroßen Möbelfertigung im streng protestantischen Herford. Ihr Großvater hat diese als Tischlerei gegründet, die Hotels im einfachen bis mittleren Segment ausstattet, später führt der Vater die Geschäfte in dem 40-Mann-Betrieb, auch Onkel und Tanten arbeiteten dort. »Wir Kinder sagten immer: Vater geht wieder in die Fabrik«, schildert Hildegard Goldbeck das unternehmerische Milieu, in dem sie aufgewachsen ist.

Den ersten Kontakt zum späteren Ehemann Ortwin Goldbeck hat sie durch eine ihrer Schulfreundinnen, die mit ihr auf dem Gymnasium in Herford war. Die zieht in Ortwins Nähe, nach Quelle, und lädt zweimal zu größeren Festen ein, in einer Scheune und einer Speditionshalle. »Da haben wir uns mit 17 kennen gelernt«, erzählt Hildegard. »Wir haben das aber nicht weiter vertieft.«

Sie wohnt in Herford, er nahe Bielefeld – macht 25 Kilometer Luftlinie Distanz, und keiner der beiden besitzt ein Auto, sie haben aber genügend Bekannte in ihrem Umfeld. So dauert es einige Jahre, bis sich die Liebesgeschichte entfaltet, Hildegard arbeitet da bereits als Lehrerin in Gütersloh (14 Kilometer entfernt von Bielefeld-Quelle), besagte Freundin lädt wieder einige Bekannte anlässlich ihres Geburtstages ein: »Von da an haben wir uns richtig angefreundet.«

Gegen Mitte der 1960er Jahre war das, Ortwin ist gerade in den elterlichen Betrieb zurückgekehrt. Das Paar findet sich und lässt sich nicht wieder los, obgleich sie sich vorgenommen hatte: »Wenn ich heirate, dann keinen Selbständigen.« Sie tut es trotzdem, »wenn man richtig verliebt ist, ändert man auch mal seine Meinung«, scherzt Ortwin Goldbeck.

Es sollen aufregende Jahre werden, die ersten zehn Jahre als Unternehmer nennt er »die spannendste Zeit«. Alles ist neu. Die Welt will erobert werden. Und das unter widrigen Umständen: Die erste Nachkriegsrezession Ende der 1960er Jahre, die Ölkrise Anfang der 1970er Jahre erschweren das Geschäft, da tut der folgende Aufschwung gut, er beflügelt auch die Goldbeck'schen Stahlbauer.

Erster wichtiger Kunde wird ein Mann namens Kurt Nagel, Inhaber einer Kühlspedition auf Wachstumskurs. Donnerstag morgens hält Goldbeck sich Zeit für ihn frei, in der freudigen Erwartung neuer Aufträge. Zuverlässig meldet der Spediteur: »Wir wollen wieder was bauen.« Sofort bricht der Stahlbauer auf, diskutiert mit Nagel zwei Stunden, kalkuliert nebenbei im Kopf, dann ist die Sache praktisch besiegelt: »So machen wir das, Herr Goldbeck«, sagt Nagel. Im Grunde hat er damit den Auftrag, Geschäfte per Handschlag eben. Jahre später erklärt ihm der deutlich ältere Spediteur den Grund für ihre ungewöhnliche Kooperation: »Wissen Sie, warum ich Ihnen so vertraue? Weil Sie mir so sympathisch sind!«

In den Anfangstagen hilft ihm zudem ein weiterer Mentor, der Vertraute aus der Handwerkskammer, dieser Dr. Hans Tönsmann, der Goldbeck zur Gründung ermuntert hat, hält Wort, steht ihm bei mit Rat und Tipps. Besonders sachdienlich sind Hinweise, wenn er irgendwo von einem Projekt raunen hört: Da ist ein Betrieb, der braucht eine neue Halle. Ortwin Goldbeck liefert sie gerne. Endlich kann der kreative Ingenieur sein Talent ausspielen, er tüftelt aus, wie der Bau mit weniger Stahl (und damit weniger Materialkosten) zu bewältigen ist, folglich kann er günstiger bieten als die Konkurrenz.

Schon damals trieb ihn das Streben nach Ressourceneffizienz: Stahleinsatz minimieren und gleichzeitig ein System entwickeln, dass es ohne mehr Personaleinsatz geht – das macht den Unterschied. Wenn Projekte mit 30 Tonnen Stahl kalkuliert werden, die er dann dank technischer Raffinesse mit 20 Tonnen realisiert, freut das die Rendite. »Das hat sich natürlich gelohnt.« Als der junge Handwerksbetrieb die erste Bilanz vorlegt, wundert sich der Steuerberater über den ausgewiesenen Gewinn: »Da muss ein Fehler sein.« Ein Gewinn, der fast 30 Prozent des Umsatzes ausmacht? Das kann nicht sein. Doch, kann es doch, wenn Geschäftstüchtigkeit und technisches Genie zusammenkommen. »Wir machten gleich zu Anfang gute Gewinne«, berichtet Ortwin Goldbeck. Das verschafft ihm Eindruck bei der Bank, das macht ihm selbst Mut.

Dabei sind die Anfänge der jungen Firma denkbar bescheiden. Sieben Mitarbeitende zählt die Belegschaft. Der Chef ist Verkäufer, Statiker, Konstrukteur, Schweißer und Monteur in einer Person. Man beginnt mit dem Rechenschieber, erst allmählich kommen Taschenrechner zum Einsatz, die kosten 2000 D-Mark damals. Die ersten beiden Angestellten in der Buchhaltung arbeiten vom Kinderzimmer des Privathauses aus, da die Büroräume in der Halle noch nicht fertig sind.

Das erste Jahr der jungen Firma, 1969, endet mit einer Weihnachtsfeier, auf der Goldbeck in einer kleinen Ansprache seine großen Ziele präsentiert – die in einem gewissen Widerspruch zur kalten Realität stehen: Es ist nur ein Raum zu heizen, der Konstrukteur (es gab anfangs nur einen einzigen) arbeitet im Kinderzimmer des Elternhauses seines Chefs.

Seine Motivation, die der Jungunternehmer in jener Weihnachtsansprache vor seiner kleinen Belegschaft skizziert, sollte stets dieselbe bleiben: Sich nie zufriedengeben mit dem, was ist, immer neue Wege suchen, um andere, bessere Lösungen und Fertigungsabläufe zu finden: »Every day find a better way« – dieses Wort des ehemaligen General Electric-Chefs Jack Welch zitiert Goldbeck gerne. Oder auch Hermann Hesse: »Um das Mögliche zu erreichen, muss immer wieder das Unmögliche versucht werden.«

Dieses Denken war ganz wesentlich ausschlaggebend für die Gründung eines eigenen Unternehmens. »Nur hier hatte ich die Freiheit, um neue Ideen umzusetzen.«

Der schwungvolle Start im Jahr 1969 wird bald überschattet von dem düsteren gesamtwirtschaftlichen Umfeld, der großen Ölkrise im Jahr 1973.

Das Horrorjahr 1973

Das Jahr 1973 markiert die »große Zäsur« in der Nachkriegsgeschichte, so der Wirtschaftshistoriker Knut Borchardt, oder
auch das »Annus horribilis«, wie der Historiker Andreas Röd-
der es nennt.

Das Datum 1973 steht für das Ende der Weltwährungs-
ordnung von Bretton Woods mit ihrem System fester Wech-
selkurse. Das Jahr beschert, spätestens mit dem Jom-Kippur-
Krieg im Oktober, den Schock dramatisch steigender Ölpreise;
für die gleichbleibende Ölmenge muss die Bundesrepublik
15 Milliarden D-Mark oder 1,5 Prozent des Bruttoinlandspro-
dukts mehr zahlen. Die Deutschen bekommen mit 7 Prozent
die höchste Inflationsrate seit 1951. Die Gewerkschaften ziehen den Preiserhöhungen nach und setzen zweistellige Lohn-
erhöhungen durch, der schwergewichtige ÖTV-Chef Heinz
Kluncker geht mit seiner Tarifrunde im öffentlichen Dienst in
die Geschichte ein.

Nach dem Schock des Sommers 1973 bricht das Wirt-
schaftswachstum ein. Dabei hatten noch kurz zuvor, Ende der
1960er Jahre, hochkarätige Ökonomen auf nicht minder hochkarätigen Konferenzen das Ende der Konjunkturzyklen debat-
tiert. Die Welt schien im stabilen, stetigen Aufwärtsmodus.

Damit ist 1973 Schluss. Das Jahr beendet abrupt die golde-
nen Jahre des Wirtschaftswunders und damit auch den Opti-
mismus der Nachkriegsjahre. Mit der Zäsur endet der Glaube
an die Steuerbarkeit der Wirtschaft, es verflüchtigt sich das
Zutrauen in John Maynard Keynes' Idee, mittels »konzertier-
ter Aktionen« und ähnlichen Mechanismen die Ausschläge der

Volkswirtschaft glätten zu können. Vorbei sind auch die Jahre, als man meinte zwischen Inflation und Arbeitslosigkeit wählen zu können, wie es etwa Bundeskanzler Helmut Schmidt (SPD) unter Hinweis auf die sogenannte Philips-Kurve propagiert: Mir sind fünf Prozent Inflation lieber als fünf Prozent Arbeitslosigkeit. Nun bekommt das Land beides gleichzeitig: Inflation und Arbeitslosigkeit, »Stagflation« ist das böse Wort des Jahres 1973: mit Rekordinflation und mit einer Million Menschen ohne Job auch die höchste Arbeitslosigkeit.

Noch kurz davor wurden Gastarbeiter in Jugoslawien und Sizilien, in Portugal und der Türkei angeworben. Jetzt stellen die Werber der Arbeitsämter ihre Touren ein, ein Anwerbestopp für ausländische Arbeitskräfte wird verhängt, Deutschland ist nicht länger ein Einwanderungsland und auch kein Land der freien Fahrt mehr auf den Autobahnen. Das Sonntagsfahrverbot im Herbst 1973 brennt sich in das kollektive Gedächtnis ein.

Es ist die Zeit, in der Debatten über die Grenzen des Wirtschaftswachstums aufkommen, erstmals wird dessen Sinn angezweifelt. »Wirtschaftliches Wachstum, bis dahin Gegenstand des Stolzes und Garant der politischen Stabilität, geriet in die Schusslinie«, schreibt der Historiker Borchardt. Ausgehend vom Bericht des Club of Rome, 1972 erschienen, macht sich eine romantisch-ökologische Skepsis breit und stellt das Wirtschaftsmodell generell infrage – darauf gründet bis heute die damals entstehende grüne Bewegung, begleitet von einem spirituellem Antikapitalismus und einer Ethik des Verzichts.

Ortwin Goldbeck setzt den Kontrapunkt. Der Ingenieur, der von Anfang an hoch hinaus will, dokumentiert dies sichtbar mit seinem neuen, gülden strahlenden Bürohaus – im Grund völlig unangemessen für eine Handwerksbude, wie es der Goldbeck'sche Stahlbau nach nicht mal fünf Jahren seit der Gründung noch ist, obwohl er schon erkennbar gewachsen ist.

»Ich wollte mich selbst verwirklichen, wollte etwas bauen, womit ich mich identifizieren kann«, sagt Ortwin Goldbeck.

Sollten andere sich das Maul zerreißen, ihn des Größenwahns zeihen, er baut sein goldenes Goldbeck-Haus, konzipiert von Architekt Gregor Wannenmacher. Dessen Kinder sind heute noch stolz darauf: Es sei das beste Gebäude ihres Vaters, bestätigen sie den Goldbecks.

Der Gründer wurde inspiriert auf seiner ersten Reise nach Amerika, im Jahr 1972 mit dem Fachverband. Da besichtigen sie viele Firmen und Bauten, von denen ist Goldbeck so angetan, dass er beschließt: So etwas muss ich auch haben. Daraus erwächst die Idee zu einem repräsentativen Bürohaus, zum Entsetzen seiner Hausbank im Krisenjahr 1973: Das können Sie nicht machen, Sie haben das andere noch nicht verkraftet, beschwören sie den Stahlbauer. Vergebens. »Ich hatte mich festgebissen.« Goldbeck verhandelt hin und her, sucht und findet schließlich eine Leasinggesellschaft, die das Projekt finanziert und an seiner Seite durchzieht. »Viele haben damals gesagt: Damit überhebt er sich. Es ist dann alles gut gegangen.«

»Eiscremefabriken für die Wüste«
Abenteuer eines frühen Globalisier

Als Jungunternehmer braucht Ortwin Goldbeck nur sich selbst Rechenschaft abzulegen, niemandem sonst, da ist kein Vater, kein Onkel mehr, die ihn mit dem Hang zum Althergebrachten einbremsen. Aber auch niemand, der für ihn zur Not in die Bresche springt, abgesehen von seinen Freunden und Mitgesellschaftern (auch wenn die nicht sofort mit seinen Ideen einverstanden sind).

Goldbeck kämpft allein auf sich gestellt. »Wer die Freiheit haben will, muss für sein Handeln auch die Verantwortung übernehmen.«

Das heißt: Er büßt auch für Flops und Fehleinschätzungen. Längst nicht jedes Experiment gelingt. Mit der frühen Internationalisierung zahlt Goldbeck wertvolles Lehrgeld. Was mutet er der jungen Firma auch zu, einem Handwerksbetrieb aus Ostwestfalen? Er liefert Stahlkonstruktionen nach Schweden, Kühlhäuser in den Iran, Radarstationen nach Libyen, eine Eiscremefabrik für den Jemen. Ein Kühlhaus in China nicht zu vergessen sowie drei Brauereien in Nigeria. Nicht alles klappt auf Anhieb, nicht überall bleibt am Ende ein Gewinn hängen.

Im Zweifel muss der Chef selbst ran, sei es bei Projekten im fernen Ausland oder auf Baustellen in Westfalen. Hakt es, steigt Goldbeck selbst auf die Leiter und sucht eine technische Lösung. »Wer Menschen führen will, der kommt nicht umhin, ein Vorbild zu sein«, sagt Goldbeck. »Ein aufmerksamer Unternehmer hat nicht nur eine gute Ausbildung, sondern er hat ein

Gespür für das, was an der Basis passiert.« Er ist immer mittendrin in dieser Zeit, versaut schon mal den Anzug mit Farbe, sehr zum Ärger seiner Frau.

Früh bildet sich das Trio heraus, das die Firma mit Geschick und Weitsicht vorantreibt. Von einem »Glücksfall« und »blindem Vertrauen« spricht Goldbeck gerne mit Blick auf die Mitstreiter der ersten Tage, die weit mehr als Führungskräfte und Minderheitsgesellschafter sind: die Herren Hans-Heinrich Knufinke und Dieter Pohlmann, beides Freunde und Verbündete seit Kindheits- beziehungsweise Jugendtagen.

Knufinke, mit dem Ortwin Goldbeck seit der CVJM-Zeit eine feste Freundschaft verbindet, ist schon in der Vorbereitung zur Gründung eingeweiht, mit ihm bespricht Ortwin Goldbeck sich in den zwei Jahren, die es dauert, bis sie 1969 formell starten, ein Jahr später ist er auch formell an Bord. »Er hat alles Kaufmännische aufgebaut«, sagt Goldbeck. Die Betreuung geht so weit, dass Knufinke die erste Buchhalterin vermittelt.

Der zweite Getreue ist Dieter Pohlmann, der Goldbecks Schwester heiratet, ihn selbst aber schon viel früher kennt, streng genommen schon aus den Kindheitstagen in Quelle. Die beiden wurden gemeinsam eingeschult in der Behelfsschule in den Nachkriegswirren des Jahres 1945 und besuchen nach der Volksschule gemeinsam die Realschule. Während des Studiums verlieren sie sich aus den Augen, finden sich wieder, als sie beide frisch Ingenieure sind. So lernt Dieter Pohlmann auch Ortwins Schwester Erika kennen und wird sein Schwager. Die beiden Männer machen fortan auch geschäftlich gemeinsame Sache, Pohlmann fragt bald, ob er nicht in der jungen Firma mitarbeiten kann. 1973 tritt er offiziell in den Betrieb ein, die Zeit, in der die Krise zuschlägt. Pohlmanns Aufgabe ist es, neue Aufträge reinzuholen, mit anderen Worten: einen richtigen Vertrieb aufzubauen und zu organisieren.

Goldbeck ist klar: Soll die Firma weiter wachsen, genügt der regionale Markt nicht mehr, es braucht Anlaufstellen in den Regionen. Kein Kunde, der einen komplexen Bau plant, ruft deswegen bei einem kleinen Stahlbaubetrieb in Bielefeld-Ummeln an, es braucht kompetente Beratung vor Ort.

Los geht es 1973 in Hannover-Langenhagen, die Wahl des Ortes geschieht eher zufällig, wie Ortwin Goldbeck sagt: »Ein Anbieter von Trapezblechen hatte die Idee, für Goldbeck die Kunden direkt vor Ort zu betreuen.« Da der Mann seinen Standort in Hannover hat, zieht das Unternehmen in seine Nähe, richtet die erste Niederlassung in Hannover ein. Eine Niederlassung als Experiment, wie wir den »Markt abtasten und eingrenzen können«, so formuliert es jener Dieter Pohlmann. »Ich hatte erst Bauchschmerzen: Können wir uns das leisten?«, gibt Ortwin Goldbeck zu, es sollte auch nicht reibungsfrei laufen mit dem »sehr selbstbewussten« Leiter der Außenstelle Hannover, vom Großkonzern Thyssen kommend, was schon mal kulturelle Spannungen provoziert. Für die Akquise von Aufträgen hilft es immens.

Die erste Niederlassung heuert bald einen Bauleiter und Konstrukteure an, der Versuch klappt – Hannover als Messestandort erweist sich als günstig, ebenso die Nähe zu Volkswagen und den Zulieferern drum herum. Die Kunden schätzen die Betreuung durch den Dienstleister vor Ort: »So war klar, dass alle nachfolgenden Verkaufsbüros eigenständig geführt werden sollten«, sagt Pohlmann – das Netz wird über die Jahre eng und enger.

Heute hat Goldbeck mehr als 90 Standorte in Deutschland und dem angrenzenden Ausland. Dabei operieren etwa 80 Standorte als eigenständige Unternehmen für schlüsselfertiges Bauen. Hier hat der Kunde seinen Anlaufpunkt, hier wird »sein« Projekt betreut, in allen Schritten von der Planung bis zur Projektleitung.

Goldbeck wählt wirtschaftliche Knotenpunkte der Republik, besetzt sie mit Mitarbeitenden aus der jeweiligen Region. So erschließen sie neue Märkte. Auf Hannover folgt 1978/79 die zweite Niederlassung Düsseldorf, auch der Standort erweist sich nicht sofort als Selbstläufer, trotzdem entscheiden die Geschäftsführer kurz darauf: Wir müssen in die Regionen rein.

Knufinke und Pohlmann, die beiden Freunde, werden zu den ersten, wichtigsten Ansprechpartnern des Gründers – und zu Miteigentümern. Goldbeck überträgt ihnen je 12,5 Prozent an seiner Firma.

So eifrig sie in diesen Tagen Aufträge reinholen, es braucht dazu auch das entsprechende Personal. Der Arbeitsmarkt in den Anfangstagen aber ist leergefegt, niemand ist zu finden, schon gar nicht für sein so junges, unbekanntes Unternehmen, und sei es noch so dynamisch am Wachsen: Wer gibt schon eine sichere Position für so eine wacklige Sache auf? Dazu braucht es Geschick – und Zufälle. Ein Mann aus einer Motorradclique heuert bei Goldbeck an, dann folgen vier, fünf andere aus seiner Gruppe – das ist der Anfang. In dem Maße, in dem die Firma am Markt wie in der Landschaft sichtbarer wird, ihre Betriebsfläche für jedermann erkennbar wächst, erleichtert das die Rekrutierung, Ortwin Goldbeck gelingt es, mehrere seiner Freunde für die neue Firma zu gewinnen, zunehmend bewerben sich Leute von sich heraus. 1974 beginnt der Betrieb, inzwischen fünf Dutzend Mann stark, eigenen Nachwuchs auszubilden.

Zudem wirbt die Bundesrepublik wieder eine große Gruppe von Migranten an, die sogenannten Gastarbeiter, von denen der Schweizer Schriftsteller Max Frisch schrieb: »Wir riefen Arbeitskräfte, und es kamen Menschen.«

Nach Bielefeld verschlägt es viele Türken, die waren »richtig gute« Mitarbeitende, erinnert sich Goldbeck. Die Zustände in den Betrieben wie auf den Baustellen damals sind nicht zu vergleichen mit heute, das sogenannte Brotzeitbier, genossen schon morgens um neun, war eine übliche Gepflogenheit, es kreist die Schnapsflasche. Alkohol ist ein riesiges Problem, das der Chef persönlich angeht: »Dagegen war ich allergisch.«

Wie schwer abhängig einzelne Mitarbeitende sind, zeigt sich nicht sofort. Die Sucht wird verheimlicht, so lange es geht, der Schnaps wird in der Thermosflasche auf den Bau gebracht.

Einmal ruft ein Kunde aus dem Ruhrgebiet in der Goldbeck-Zentrale an, der Chef möge seine Leute umgehend abholen, »die sind total besoffen«. Der Unternehmer sieht sich genötigt, in das Privatleben suchtkranker Mitarbeitender einzugreifen, ihnen therapeutische Hilfe zu vermitteln. Nicht immer, aber in mehreren Fällen gelingt der Entzug, die Alkoholiker werden zu loyalen, leistungsfähigen Mitarbeitenden. »Ein ganz besonderes Erfolgsgefühl«, freut sich der Chef.

Das Verhältnis zu Alkohol am Arbeitsplatz hat sich generell sehr gewandelt, zum Besseren zum Glück: Die Bierautomaten in den Fabriken, noch in den 1980er Jahren üblich, sind abgeschafft, der Zeitungsredakteur mit der Whisky-Flasche in der Schublade existiert nur noch in den Erzählungen der

Altvorderen, selbst am Bau sprudelt munter das Mineralwasser. »Unsere Leute trinken keinen Schluck Alkohol mehr auf den Baustellen, nicht mal beim Richtfest, wenn sie danach noch weiterarbeiten müssen«, sagt Ortwin Goldbeck. »Wir waren da sehr konsequent und haben das Problem Mitte der 1970er Jahre in den Griff bekommen.«

Anders ist in jener Zeit auch der Ton auf der Baustelle, sehr viel ruppiger: »Kommandoton in Gummistiefeln« nennt das Goldbeck: »Heute geht das nicht mehr.« Die zeitgemäße Bauleitung schreit nicht rum, er gibt seinen Leuten Aufgaben, versehen mit einem Zeitplan. Mit dem schönen Nebeneffekt, dass die Führung auf dem Bau weiblicher wird. »Frauen können das genauso gut organisieren wie Männer, manchmal sogar besser«, sagt Goldbeck senior.

Seine Nachfolger versuchen daher, immer mehr Frauen für höhere Aufgaben zu gewinnen. Im gewerblichen Bereich, wo es auch auf Muskelkraft ankommt, sind die Männer in der Überzahl, im kaufmännischen ist es wahrscheinlich umgekehrt, schätzt Ortwin Goldbeck: »Bei Ingenieurinnen haben die Frauen mächtig aufgeholt. Bei Architekten haben wir mehr Frauen als Männer.«

Wie anders waren da die Zustände in den Anfangszeiten! Der Bau ist männlich durchtränkt, es ist einiges Testosteron im Spiel. So auch bei einem finanziellen Kraftakt jener Tage, der Goldbeck ein Jahrzehnt beschäftigen soll: Die Gießerei Lockhausen, ein Fass ohne Boden. Goldbeck hatte die Gießerei im Kreis Herford gebaut, eine richtig große Halle, der Betreiber hatte mitbekommen, dass der Stahlbauer aus Bielefeld forsch expandiert, und ihm den Auftrag erteilt. Bezahlt hat er, wie damals nicht unüblich, mit Wechseln. Als der Kunde Insolvenz anmeldet, platzen die Wechsel, die Papiere werden wertlos: Was nun? Alles verloren gegeben? Oder die Gießerei übernehmen?

Goldbeck wird so auf Drängen der Banken Eigentümer der Gießerei, er übernimmt den Betrieb samt aller dranhängenden Probleme – besser als mit ganz leeren Händen dazustehen, so das Kalkül damals. »Als junges Unternehmen waren wir ein bisschen blauäugig.«

Es stellt sich schnell heraus: Die Pleite der Gießerei hat Gründe, mit dem Betrieb ist nur schwer richtig Geld zu verdienen, mühsam hält Goldbeck die Gießerei über Wasser, die Feilscherei mit den Kunden ist ein ewiger Kampf. Nach zehn quälenden Jahren werden sie den Betrieb los, 1983 gelingt es endlich, die Gießerei zu verkaufen. »Am Ende sind wir ohne Blessuren rausgekommen.«

Eine Freude war der ganze Ausflug sicher nicht. So wenig wie die ersten Abenteuer der jungen Firma in der Ferne, wo der Handwerksbetrieb einiges Lehrgeld bezahlt, lange bevor es dort eigene Niederlassungen oder Standorte gibt.

Goldbeck tastet sich als Subunternehmer, beauftragt von europäischen Projektgesellschaften, hinaus in die Welt. So vermittelt die schwedische Firma Alfa Laval diverse Projekte im Ausland, im Jemen bauen die Bielefelder eine Eisfabrik, eine für Gasflaschen in Burma, dem heutigen Myanmar, sowie Brauereihallen in Nigeria. Die montiert ihre Mannschaft vor Ort, als sie in der Heimat von einem Anruf aufgeschreckt werden: »Schwerer Unfall auf der Baustelle«. Was tun, schnell runterfliegen nach Afrika? Nein, so schlimm sei es nicht. Ein Goldbeck-Monteur hat nach Feierabend mit Karbid geangelt. Die kleinen Steine, die ein Gas erzeugen, braucht man für gewöhnlich zum Schweißen, wirft man sie ins Wasser, explodieren sie, und die Fische kommen hoch. Als der Versuch nicht klappt, zieht der Mann die Flasche zurück an Land, sie explodiert, er hat überall am Körper Schnitte, das Blut fließt fürchterlich, der Monteur aber überlebt.

Länger beschäftigt die Firma ein Projekt in Libyen, »abenteuerlich« nennt das Ortwin Goldbeck noch heute. Aus dem Verteidigungsministerium in Tripolis erreicht sie damals die Anfrage, ob sie für Bunkeranlagen die nötigen Stahlkonstruktionen liefern wollten, darin sollten Beobachtungsstationen mit Siemens-Equipment untergebracht werden. Bei dem Wunsch ging es nicht um Waffen, was womöglich verboten gewesen wären, sondern um Stahlträger, die vor Ort zusammengeschraubt werden müssen. »Wir haben mit den Libyern blauäugig verhandelt, wussten nicht, was dort im Land auf uns wartet.«

Allein die Frage, wie die Waren verschifft werden, stellt sie vor immense Probleme. Die 500 Meter Fracht raus aus dem Hafen hat mehr gekostet als der Schifftransport dorthin. Überall halten Leute die Hand auf für Schmiergeld, wegen irgendwelcher angeblich fehlender Papiere oder weil ein Monteur wegen Nichtigkeiten vorübergehend eingesperrt wird.

All diese Widrigkeiten lassen sich nur mit den damals so genannten »nützlichen Aufwendungen«, also Barzahlungen, überwinden, all das kostet Geld, das in dem Projekt nicht eingeplant war. »Wir haben großzügig kalkuliert und waren am Ende heilfroh, gerade noch mit einem blauen Auge davongekommen zu sein«, erinnert sich Goldbeck an das Abenteuer, das ihm »etliche schlaflose Nächte« sowie mehrere unerquickliche

Flüge nach Libyen eingetragen hat. »Im Nachhinein hat uns die Erfahrung aber geholfen für spätere Projekte.« Ob die Bunker jemals in Betrieb genommen wurden, ist heute nicht mehr zu verifizieren.

Ein weitere heikle, mit weltpolitischen Verwerfungen verbundene Sache ergibt sich Mitte der 1970er Jahre im Iran, damals noch Persien, unter der Herrschaft des Schahs. Eine Projektgesellschaft, später vom Baukonzern Bilfinger & Berger übernommen, beauftragt Goldbeck, drei große Kühlhallen im Iran zu bauen, nicht die Technik, nur die äußere Hülle.

Bausumme: 3,5 Millionen Mark. Stahlträger und sonstiges Material, auf 65 LKW verteilt, müssen über den Balkan in den Orient gekarrt werden. Ein wahres Abenteuer, wie aus dem Drehbuch zur TV-Serie »Auf Achse«, wo Starschauspieler Manfred Krug einen bärbeißigen Fernfahrer mimt, der durch staubige Steppen in Richtung Persien unterwegs ist.

Wie im Film geht in der Goldbeck'schen Wirklichkeit dabei schief, was schiefgehen kann. Die Ware, im echten Leben wohlgemerkt, liegt sechs bis acht Wochen im Zoll. Weil der Zoll die Frachtpapiere in x-facher Ausfertigung verlangt, verbringen einige Fahrer drei Wochen an der Grenze. Ein LKW kommt gar nicht an, der Fahrer ist wochenlang samt Ware verschollen, Goldbeck fürchtet, seine Stahlträger seien unwiederbringlich verschwunden: »Wir glaubten, dass wir alles neu produzieren müssen.« Schließlich taucht der Truck doch wieder auf, wo aber hat er so lange gesteckt? »Ich musste erst meine Schwester in der Türkei verheiraten«, ist die Antwort des Fahrers.

Die Kühlhallen ziehen sie schließlich in Rekordzeit hoch, sie gehen aber nie in Betrieb. Als der Bau fertig ist, kommt die islamische Revolution in Teheran. Der Schah wird gestürzt, das Regime der Mullahs kommt an die Macht. Damit sind die Kühlhallen hinfällig, da sie dazu gedacht waren, tiefgefrorene Hammel aus Australien zu kühlen. Unter den neuen Machthabern dürfen die Gläubigen nur noch frisch geschlachtete Hammel essen, damit brauchte niemand Kühlhallen. Goldbeck erhält gerade noch rechtzeitig sein Geld. »Zum Glück.«

DIE ÜBERNAHME
DES FAMILIÄREN BETRIEBS

Ende der 1970er Jahre gerät der alte, ursprüngliche Betrieb der Familie in wirtschaftliche Schwierigkeiten.

Als die Schulden sich bedrohlich türmen und die Gläubiger drängeln, braucht es Hilfe von außen: Nur woher? Allzu viele Optionen bieten sich nicht, so spricht einer der Vettern bei Cousin Ortwin vor – wie viel Überwindung ihn das wohl kostet? Einfach ist der Gang sicher nicht, ausgerechnet denjenigen als Retter anzufragen, der zehn Jahre zuvor ausgeschieden war und sein Glück im eigenen, inzwischen prosperierenden Betrieb gefunden hat. Ob er nicht der Familie helfen könne, wird Ortwin Goldbeck gefragt. Keine einfache Entscheidung, da zwei starke Gründe gegen eine lebensverlängernde Geldspritze sprechen.

Erstens hat Ortwin Goldbeck die finanziellen Mittel selbst nicht im Übermaß, schließlich hat er eben eine Million für ein Nachbargrundstück ausgegeben, um Raum zu schaffen für seinen wachsenden Betrieb. Ein dicker Brocken in jenen Tagen, der erst mal verdaut sein will, die Gelegenheit aber galt es, am Schopf zu packen.

Weil Nachbargrundstücke nur einmal angeboten werden, musste Goldbeck die Gelegenheit nutzen (auch wenn die ganze Fläche im Moment noch gar nicht gebraucht wurde). Ein finanzieller Kraftakt, der ihn an anderer Stelle einengt – auch wenn es um den Betrieb der Familie geht.

Außerdem, und das ist das zweite Argument, wirft niemand gerne gutes Geld schlechtem hinterher: Was hilft es, Mittel nachzuschießen, wenn der Rest der Familie sich verzettelt hat, sich die Verluste mehren, da ihr Sortiment am Markt nicht mehr gefragt ist? Was, wenn die Überbrückungskredite nicht mehr bewirken, als das Elend zu verlängern, so seine Überlegung, zumal er um die komplizierte Machtkonstellation weiß: Sein Geld mag in der Not willkommen sein, aber sind es seine Ideen auch?

Einfluss auf die Strategie des geschrumpften, vor sich hin kränkelnden Betriebs zu nehmen, das ist mühsam in der vertrackten Lage: Noch ein Goldbeck mehr als Geschäftsführer, wer hat dann das letzte Wort? Mit dem einen Vetter ginge das vielleicht, mit beiden zusammen nur schwer. Alles schwierig also, eine »unglückliche Situation mit unschönen Begebenheiten«, wie sich Ortwin Goldbeck erinnert. Und viel Zeit ist nicht mehr: Über der Familie kreist das Gespenst der Insolvenz. Die Firma ist überschuldet, die Verwandtschaft hat die Privathäuser den Banken als Pfand gegeben.

Ortwin Goldbeck mag sie nicht dem Schicksal überlassen, also bietet er die Rettung nach seinen Bedingungen an: Ganz oder gar nicht! Das heißt: Wenn er Geld reinschießt, will er das unumschränkte Sagen haben.

So kommt es, dass die junge, einst abgespaltene Goldbeck-Firma die alte übernimmt. Im Jahr 1979 geschieht das, im zehnten Jahr der Selbständigkeit von Ortwin Goldbeck. Den einen Vetter, Friedhelm Goldbeck, übernimmt er mit (der bleibt bis zur Pensionierung), ebenso das Firmengrundstück und sämtliche Mitarbeitende was nach jahrelangem Niedergang nicht mehr allzu viele sind, »etwa ein Dutzend«.

Die Privathäuser dürfen die anderen Goldbecks behalten. Zunächst bleibt auch der alte Firmenname erhalten, gesichtswahrend für die Restfamilie. Irgendwann verschwindet er doch, der alte Betrieb geht auf im großen Ganzen, wird ein völlig integrierter und vor allem profitabler Teilbetrieb, der sein Programm komplett umstellt. Statt Stahlzargen, Türen und anderen stahlnahen Produkten satteln sie um auf Aluteile, die Ortwin Goldbecks Firma für ihre schlüsselfertigen Produkte gebrauchen kann: So wird aus der einstigen Schmiede eine Alufenster- und Alufassadenabteilung, »nur für uns, nicht für den Markt allgemein. Ich war bei der gesamten Transaktion sehr zurückhaltend, habe nie gesagt: Das habe ich übernommen«, sagt Ortwin Goldbeck. »Innerlich war es natürlich eine Genugtuung: Mein Konzept war besser, richtiger. Ich wäre nie glücklich geworden in der alten Firma. Nie wäre klar gewesen: Wer hat das Sagen?«

In der neuen Konstellation ist dies von Anfang an anders, da ist die Machtfrage eindeutig geregelt: Am Ende zählt das Wort des Gründers, das Wort von Ortwin Goldbeck, selbst im Verhältnis zu seinen Getreuen und Mitgesellschaftern Knufinke und Pohlmann: »Ich habe immer den Kopf hingehalten«.

Vater und Onkel erleben beide noch den Übergang der alten Firma. »Jetzt musste ich nicht mehr bitte, bitte sagen, jetzt durfte ich. Wir haben alles abgerissen. Da standen den Alten die Tränen in den Augen. Aber es entstand Neues, das hat das

gerechtfertigt.« Vater Wilhelm war schon 1969 als Kommandi-
tist bei Sohn Ortwin eingetreten, eingebracht hat er ein bisschen
Material und einige ältere Maschinen. In der Folge arbeitet er im
jungen Betrieb mit, was nach einem versöhnlichen Ende klingt.
»Ich war froh, dass er dabei war«, sagt Sohn Ortwin Goldbeck
heute. »Abends hat er mir immer gesagt: Da musst du aufpas-
sen, und da.«

DIE REVOLUTION VON 1989

Als Ortwin Goldbeck den Sprung in die Selbständigkeit wagt, Ende der 1960er Jahre, da existieren in der Region sechs oder sieben Stahlbaubetriebe mit je 100 Beschäftigten. Ende der 1970er Jahre ist der erste davon verschwunden, die anderen sind eher kleiner geworden. Heute ist kein einziger mehr da, Goldbeck hat sich nicht nur gehalten, sondern ist in ganz neue Dimensionen vorgestoßen. Das Glück der Tüchtigen hat dabei sicher geholfen, vor allem aber: eine Folge von goldrichtigen strategischen Entscheidungen.

Eine wichtige Entscheidung, wenn nicht die wichtigste überhaupt, trifft der Goldbeck-Geschäftsführer an der Schwelle von den 1970er zu den 1980er Jahren, als die Erkenntnis reift: Der reine Stahlbau bringt es nicht mehr, die Zukunft sind komplette, schlüsselfertige Gebäude aus Stahl und Aluminium. Goldbeck wird Systemhersteller. Das »Lego-Prinzip« auf dem Bau wird erfunden. Eine Revolution, die alles ändert.

Natürlich geschieht das nicht über Nacht, ausschlaggebend ist auch kein genialer Geistesblitz eines Einzelnen. Goldbeck hatte vielmehr eine kleine Strategiegruppe ins Leben gerufen, als sich die Schwierigkeiten in der Branche Ende der 1970er Jahre abzeichnen, sich die Problemfälle häufen und die Auftragslage besonders für den Stahlbau bedenklich eng wird. Viele Betriebe können nur dank indirekter staatlicher Hilfe überleben: Die Politik ordnet an, Kraftwerke mit Entschwefelungsanlagen nachzurüsten. Daraus ergibt sich eine kleine Sonderkonjunktur, mehr nicht. Ein tragfähiges Konzept lässt sich darauf nicht errichten. Es braucht neue Ideen.

Die besorgt sich Ortwin Goldbeck nicht bei den einschlägig bekannten Unternehmensberatern, lieber zieht er ein paar Leute seines Vertrauens zusammen, neben den beiden Mitgesellschaftern, die immer mit dabei sind, sind das Unternehmer wie der Schüco-Gründer Heinz Schürmann, dazu kommt der befreundete Architekt Gregor Wannenmacher. In dem Kreis wird die Idee geboren, mehr anzubieten als Stahlbau: komplette Gebäude. Am besten ganze Systeme, beliebig reproduzierbar. »So wurden wir Generalunternehmer«, schildert Ortwin Goldbeck diese Weichenstellung, ultimativ getroffen im Jahr 1982 – nur zufällig im zeitlichen Gleichklang mit der sogenannten »geistig-moralischen Wende«, als in der Bundesregierung die sozialliberale Ära nach 13 Jahren endet: Bundeskanzler Helmut Schmidt verliert durch ein verlorenes Misstrauensvotum sein Amt, nachdem die FDP, angetrieben von Otto Graf Lambsdorff, die Seiten wechselt: Der lange unterschätzte Pfälzer Helmut Kohl (CDU) tritt seine Amtszeit an, die 16 Jahre währen sollte und die er als Kanzler der Einheit krönen sollte. Aufregende Zeiten in der Bundespolitik.

Für die Firmenhistorie der Goldbecks sind die Umwälzungen in Bielefeld nicht minder gravierend: Nicht der Stahlbau alleine ist fortan das Thema, sondern die Erstellung fertiger Gebäude. Die ganze Firma muss umdenken. Aufträge werden nicht länger

akquiriert, um die Stahlbaukapazitäten auszulasten. Das funktionsfähige Gebäude ist nun das Produkt. Um das innerhalb wie außerhalb des Betriebs zu verdeutlichen, werden Systeme entwickelt, die mit einem Produktnamen versehen werden. Damit sich dieser Aufwand lohnt, braucht es ein größeres Absatzgebiet. Und wie erreicht man das? Indem man die Republik mit einer dezentralen Vertriebsorganisation überzieht, so die Antwort. Das ist der zweite Teil der Goldbeck'schen Revolution.

Diese Wende dem eigenen Vertrieb, traditionell besetzt mit Stahlbauingenieuren, beizubringen ist nicht ganz einfach, »das war keinesfalls ein Selbstläufer«, sagt Ortwin Goldbeck im Rückblick über diese »umbruchreichen Jahre«: »Die Mitarbeitenden davon zu überzeugen, war nicht leicht. Es ging auch nicht alles glatt. Wir haben auch manchmal verloren.«

Allen Widerständen zum Trotz richtet die Führungsmannschaft das Unternehmen komplett neu aus, »das war die entscheidende Weggabelung, um dahin zu kommen, wo wir heute stehen«, sagt Goldbeck im Rückblick.

Sein Unternehmen denkt das Bauen von Grund auf neu, konzipiert Parkhäuser, Fabrikhallen, ganze Bürogebäude nach seinem Lego-Prinzip. Inspiriert vom privaten Fertighausbau entwickelt Ortwin Goldbeck das erste gewerbliche Bausystem – einen Baukasten voller flexibel einsetzbarer Systemelemente, die sich zu schlüsselfertigen Gewerbehallen montieren lassen. Mit dieser zukunftsweisenden Idee – dem »elementierten Bauen mit System« – revolutioniert er zunächst die eigene Firma, dann die gesamte Baubranche.

Die Vorteile dafür liegen auf der Hand: Die industrielle Vorfertigung von Stützen- und Dachkonstruktionen, Fenster-,

Türen- und Fassadenelementen garantiert eine gleichbleibende Qualität der Bauteile, sie verkürzt die Bauzeiten, und das alles zu vergleichsweise günstigen Preisen. Schnell wird klar: Diese Bauweise lässt sich auch auf andere Gebäudetypen übertragen. »Es ist der Grundstein für eine Erfolgsgeschichte und die Entwicklung einer breit gefächerten Produktwelt«, vermerkt die Firmenchronik stolz.

Die Lego-Revolution gebiert immer neue Kinder, die Goldbecks rollen das Prinzip nach und nach aus, Parkhäuser, Büros, Schulen, zuletzt sogar für Wohngebäude: Günstige Kosten, kurze Bauzeit, hohe Qualität und Nachhaltigkeit sind auch hier die Vorzüge, mit denen sie werben. Die Basis sind Grundrisse für Ein- bis Fünf-Zimmer-Wohnungen, die kombinierbar sind. Auch im Wohnbau halten sie sich an das bewährte Rezept, an Systemelemente aus Stahl und Beton, nur gibt es das Ganze nicht in schnöder Parkhausatmosphäre, sondern mit einem Ambiente, »in dem sich die Bewohner zu Hause fühlen«. Und da die Wohnungen in den Städten so knapp sind, wie es die teuren Mieten anzeigen, ist Goldbeck im Vorteil. Die Firma baut mit hohem Tempo, dank der Systembauweise sind Genehmigungsverfahren wie Projektrealisierung zügig zu absolvieren.

In der »Integralen Planung«, wie sie bei Goldbeck sagen, vereinen sie alle Fachdisziplinen; Architektur, Tragwerks- und Systemplanung, Versorgungstechnik, Gebäudeautomation, Tiefbau, Energie- und Nachhaltigkeitsmanagement – mehr als 1500 angestellte Architekten und Ingenieure stehen dafür bereit. Sämtliche Gebäude entstehen aus modularen Bauelementen. Stützen, Decken und Wände werden in den – heute zehn – eigenen Werken seriell vorgefertigt, auf der Baustelle werden sie nur montiert. »Dadurch machen wir uns weitestgehend unabhängig von äußeren Einflüssen, reduzieren Emissionen und optimieren den Materialeinsatz«, sagen die Goldbeck-Ingenieure. In dieser fein justierten Prozesskette ist kein Platz für spontane – und deshalb teure – Überraschungen. Planung, Produktion, Logistik und Montage, das alles läuft Hand in Hand. Alles nach System.

»Ab Mitte der 1980er Jahre brachte dies den unternehmerischen Erfolg«, sagt Ortwin Goldbeck. Erst recht bewährt sich das Lego-Bauen nach der deutschen Einheit, als die grünen Wiesen im Osten auf Discounter und Logistikhallen warten. Das Wachstum gerät in manchen Jahren so stürmisch, dass der Chef sich genötigt sieht, die Vertriebsleute zu mahnen, sie sollten nicht zu großspurig auftreten. In jener Boomphase hatten sich mehrere Unternehmer an Ortwin Goldbeck gewandt mit der Klage über überhöhte Preise, dass Goldbeck es nicht mehr nötig hätte, »korrekt zu kalkulieren«. »Das hat mich sehr betroffen gemacht«, berichtet Ortwin Goldbeck, »weil ich gespürt habe, dass einige unserer Mitarbeitenden mit Überheblichkeit und ohne Augenmaß ihre Angebote ausgearbeitet und unterbreitet haben. Selbst wenn die Auftragsbücher gut gefüllt sind, darf man in dieser Form nicht handeln. Das spricht sich schnell herum.« Es ist dies eine Schattenseite des ungebremsten Wachstums. Aber das Bauen von der Stange ist nicht aufzuhalten.

Mag auch die Sehnsucht nach repräsentativen Prachtbauten in den Goldbecks stecken, das Geld verdienen sie zu jener Zeit eher mit schnöder Alltagsware. »Unsere Gebäude sehen alle gleich aus: Quadratisch, praktisch, gut«, bekennt Ortwin Goldbeck. Die Uniformiertheit ist Programm. Kühne Entwürfe, große Namen von Architekten – das ist in den 1980er Jahren ihre Sache nicht. Heutzutage ist das differenziert zu betrachten. »Wir selbst sind vermutlich das größte Planungsbüro in Deutschland, niemand hat mehr Architekten und Ingenieure angestellt.«

Nur ist deren Ehrgeiz nicht die höchste individuelle künstlerische Entfaltung. Im Gegenteil: Sie nehmen die ästhetischen und funktionalen Bedürfnisse auf und realisieren diese dann innerhalb der Tugenden des Systems, ihre Herausforderung besteht darin zu zeigen, welche Vielfalt mit dieser Herangehensweise möglich ist.

Anfangs war dies die Aufgabe von Bauingenieuren, nach und nach ziehen sie Architekten heran. Ein simpler Grund dafür war, dass der Nachschub an Ingenieuren knapp wurde, außerdem erforderte das die Zusammenarbeit mit den Kunden, die mit Architekten anrücken, wenn sie ein Bauprojekt stemmen wollen. »Dann muss auch auf unserer Seite ein Architekt, eine Architektin auf Augenhöhe sitzen«, sagt Goldbeck. Die Firma hat gerade im Planungs- und Beratungsbereich besonders viele Frauen eingestellt: »Die haben oft ein besonders gutes Gespür für den Kunden.« Eine der jungen Architektinnen, die so ins Haus kommt, ist heute die Schwiegertochter, sie hat den ältesten Sohn Jörg-Uwe im Büro kennen gelernt und irgendwann geheiratet.

DER PATRIARCH –
FÜHRUNG IM HAUSE GOLDBECK

Autodidakt

Vorbilder und Prinzipien

Ortwin Goldbeck hat keinen Tag eine Managementschule von innen gesehen. Wie er eine Firma zu führen und die Mitarbeitenden zu motivieren hat, das eignet er sich – wie so vieles – autodidaktisch an. Dazu beobachtet er genau, schaut sich Dinge ab von Leuten – Unternehmern zumeist –, die er schätzt, und nimmt sich vor, Fehler zu vermeiden von anderen Firmenlenkern, die ihm zuwider sind.

Die Fixpunkte ändern sich, wie sich Umfeld und das eigene Unternehmen ändern. »Das eine Idol gibt es nicht«, sagt Ortwin Goldbeck, seine Vorbilder verändern sich über die unterschiedlichen Phasen. Was bleibt: Er eifert Menschen nach, vor deren Persönlichkeit er eine gewisse Hochachtung hat, über das Sachlich-Ökonomische hinaus: »Nicht alle erfolgreichen Unternehmer haben für mich Vorbildfunktion.«

Was er nicht mag, das sind die Aufschneidertypen, die Abgehobenen und Arroganten, mögen sie noch strahlen und Einfluss haben. Deren Nähe meidet er. Dieses Umfeld behagt ihm nicht.

Seine Helden sind moralisch gefestigte Industrielle wie Robert Bosch (1861 bis 1942); die Biografie, verfasst vom späteren Bundespräsidenten Theodor Heuss, hat er im Antiquariat entstanden. »Vor Robert Bosch habe ich Hochachtung: Ein großartiger Unternehmer mit sozialer Komponente.« Überhaupt findet er den Konzern heute noch beispielgebend: Nicht an der Börse notiert, im Besitz einer Stiftung, »das ist eine ganz gesunde Struktur«.

So vermessen, an einem Großindustriellen wie Bosch konkret Maß zu nehmen, ist Goldbeck nicht, als er seine Sieben-Mann-Firma gründet. Anfangs orientiert er sich an Handwerksbetrieben, so wie er aus einem stammt; Schlosser, Schmiede, Tischler. »Das war meine Welt«. Daher kommt die Freude an der Freiheit, selbst handeln zu können, wenngleich er seine eigene, kühle Sicht auf die Dinge hat, er manche Sitten der 1960er Jahre im Handwerk für überholt hält, etwa das bierselige Gekungel im Wirtshaus, um an Aufträge zu kommen: »Ich gehe nicht in die Kneipe oder auf den Golfplatz, um Geschäfte zu machen. Das kommt für mich nicht infrage.«

Wenn er es systematisch angeht, mit überlegener Technik und Effizienz, so denkt sich der Jungspund, dann könnte er die anderen Stahlbauer zumindest erreichen, wenn nicht übertrumpfen: »Das sind auch nur Handwerker, nicht der unerreichbare Vogel hoch oben auf dem Baum.«

Ein vorbildhafter Fixpunkt in diese Richtung ist zu Beginn der Schlosserbetrieb der Familie Hörmann, 1935 in der westfälischen Kleinstadt Steinhagen gegründet, »die kamen aus der gleichen Stufe wie wir«. Der Familienbetrieb ist ihm Beispiel dafür, wie man aus dem Handwerk rauswachsen kann, wenn nicht jeder Auftrag ein eigenes Projekt ist. »Wichtig ist die Produktion in Serie.« Diese Idee verfolgt Goldbeck schon früh, »das hat mir damals an den Hörmanns imponiert«. Die Geschichte bestätigt sein Urteil: Die Hörmann-Gruppe, inzwischen von Angehörigen der dritten und vierten Generation geleitet, ist heute Europas Marktführer für Türen und Tore, die 6000 Mitarbeitenden produzieren alles, was mit Toren zu tun hat: Türen, Zargen, Antriebe und vielen mehr.

Als Goldbeck selbst größer wird, orientiert er sich an den großen Firmen in der Region, auch wenn die als direktes Vorbild vorerst eine Nummer zu groß sind: Dr. Oetker, Miele, auch Bertelsmann mit Reinhard Mohn. »Den habe ich sehr bewundert.« Inspiriert von dessen Idee der Mitarbeiterbeteiligung, führt er diese auch für Goldbeck ein. Dazu an späterer Stelle mehr.

Der Patriarch fühlt sich verantwortlich für seine Leute. Als es zu einem tödlichen Unfall auf einer Baustelle kommt, berührt ihn das sehr. Drei Monteure, erfahrene Mitarbeiter, sterben im Januar 1994, als Bauteile umkippen und sie unter sich begraben. »Das ging mir schwer zu Herzen«, erinnert sich Ortwin Goldbeck an diese dunklen Stunden – ausgerechnet im Jahr des 25. Firmenjubiläums, zu dem sich der damalige Arbeitsminister Norbert Blüm (CDU) als Festredner angekündigt hat.

Seine eigene Managementlehre entwickelt der Stahlbauer Goldbeck im Laufe der Jahre mithilfe des fernöstlichen Ge-

uzius, demnach gibt es drei Arten, umsichtig zu
rzählt Ortwin Goldbeck es gern, als da wären:
ches Nachdenken – »das ist der edelste Weg«

- Nachahmen – »das ist der leichteste Weg«
- lebenslang erworbene Erfahrung – »das ist der mühse-
ligste und nicht selten der bitterste Weg«.

»Ich habe alle drei Wege erprobt, im Berufsleben wie im privaten.« Erfahrung kann man nicht lehren und nicht lernen, ist
Goldbecks Überzeugung. Die muss jeder selbst sammeln. Man
könne nur hoffen, dass es nicht zu mühselig ist und zu bittere Niederlagen eintreten. »Die meisten Erfahrungen sammelt
man, wenn etwas nicht gelingt. Das habe ich unseren Kindern
immer wieder erzählt.«

Früh schält sich für Ortwin Goldbeck eine Strategie heraus, wie er seinen Weg als Unternehmer am sichersten findet.
In den Anfangstagen bildet sich ein informelles Gremium zur
Entscheidungsfindung heraus: Ortwin Goldbeck holt sich den
Rat seiner beiden Vertrauten aus Jugendtagen, Schwager Dieter Pohlmann und Hans-Heinrich Knufinke, der Freund aus
CVJM-Zeiten. Vor wichtigen Entscheidungen verabreden sie
sich zu ausgedehnten Waldspaziergängen, klinken sich dazu für
ein Wochenende aus den Familien aus, fahren gemeinsam in
ein Hotel im Umkreis von 100 Kilometer und tauschen sich bei
dieser eigenwilligen Art von Klausur aus. »Spaziergänge sind
sehr konstruktiv und kreativ«, erläutert Ortwin Goldbeck dieses
Prinzip. »Du kannst auch mal nebeneinander hergehen, ohne
zu sprechen, dabei kann man anders nachdenken, muss nicht
sofort eine Antwort geben. Das hat uns sehr vorangebracht.«

Die Suche nach dem Sinn

»Wer motivieren will, muss Sinn bieten.« – So spricht Ortwin Goldbeck seit Jahrzehnten, lange schon, bevor der Begriff »Purpose«, englisch für Sinn, in Zusammenhang mit Firmen in Mode kam. Inzwischen überbieten sich die Konzerne mit sinnstiftenden Botschaften. Es mangele am Sinn in der Wirtschaft, diagnostizierte zum Beispiel der Chef der Deutschen Börse, Theodor Weimer: »Wir Unternehmen brauchen einen noblen Purpose.«

Der Sinn, vielmehr der Purpose, ist in aller Munde. Wo immer ein Konzernchef eine Bühne besteigt, fällt diese Vokabel, gerade so, als genüge es den Managern nicht mehr, die besten Autos, die flottesten Turnschuhe, die saubersten Kraftwerke herzustellen. Deutschlands Unternehmer, so der Eindruck, sind geschlossen auf der Suche nach dem höheren Sinn. Da werden Führungskräfte für die Position als »Head of Purpose« gesucht, da wird eine neue »Ära der Verantwortung« heraufbeschworen, selbst der größte aller Kapitalisten, Larry Fink, Chef des weltgrößten Vermögensverwalters BlackRock, ermahnt die Vorstände: Konzerne müssen allen nutzen, Purpose nicht vergessen!

Die alleinige Maximierung des Börsenwerts ist nicht mehr genug, die Ära des Shareholder-Value-Gedanken hat sich überlebt. Das hat sich herumgesprochen. Selbst die Deutsche Bank, unter dem Regiment der Investmentbanker auf maximale Rendite fixiert, hat den Purpose für sich entdeckt, will jetzt einen »positiven Beitrag« für die Gesellschaft leisten, nicht anders klingt es von BASF und BMW, SAP und Siemens und wie die führenden Konzerne im Land alle heißen.

Wer dies alles für Humbug hält, hat den Zauber nicht durchschaut. »Purpose« ist mehr als pure Pose. Der Sinn hilft Unternehmern in zwei Richtungen; intern für die Motivation sowie extern, um die Firma attraktiv zu machen – als Marke für die Kunden wie als Arbeitgeber für junge Talente. Wer die überzeugen will, muss ihnen etwas bieten, und das bedeutet heutzutage mehr als ein hohes Gehalt und einen flotten Dienstwagen. Die Prioritäten haben sich da verschoben. Die nachwachsende Generation verlangt nach einem Sinn, die jungen Frauen und Männer wollen wissen, wofür sie sich abstrampeln. 88 Prozent der Vorstandschefs sind laut einer Studie der Cranfield School of Management der Meinung, sie könnten »ohne klaren Purpose« nicht landen beim akademischen Nachwuchs.

Hätten sie nur mal früher in Bielefeld nachgefragt! Hier predigt ein Stahlbauer, die klassische Bildung im Gepäck, seit Jahr und Tag, was es auf sich hat mit dem Sinn.

»Unternehmerische Verantwortung heißt für mich, eine Kultur zu schaffen, die Freiräume für Kreativität und eigenverantwortliches Handeln lässt«, ist so ein typischer Satz von Ortwin Goldbeck.

»Kreativität braucht Freiheit, um sich entfalten zu können«, lautet ein anderer, dem freilich die Warnung auf dem Fuße folgt: »Wenn wir der Freiheit nur freien Lauf lassen, hat sie keine Chance, viele Akteure in einer Organisation zu erreichen. Sie braucht Spielregeln und einen Rahmen.«

Oder auch nur: »Einfach ist besser«, den Satz hat der Patriarch seinen Mitarbeitenden seinerzeit eigenhändig auf die Computerbildschirme geklebt, als die Technik Einzug hielt.

Und dann hat er ja jederzeit noch seinen Lieblingsdichter parat, Theodor Fontane mit seinem Leitmotiv: »Wer schaffen will, muss fröhlich sein.«

Es braucht einen Sinn, den Gang ins Büro oder in die Fabrik nicht als tägliche Fron zu empfinden. Und dazu braucht es eine bestimmte Kultur, bestimmte Werte – und die sind so zeitlos wie nochmal was: »Werte mit Tinte schreiben, Strategien mit Bleistift«, schärfte Goldbeck seinen Söhnen wie den Geschäftsführern ein, an diesen Leitlinien hat sich im Hause Goldbeck – selbst nach dem altersbedingten Ausscheiden des Gründers – nichts groß geändert. »Mir ist es wichtig, das beste Umfeld für alle Stakeholder zu schaffen«, sagt der älteste Sohn und heutige Geschäftsführer Jörg-Uwe Goldbeck, »die Leute sollen gerne hierherkommen.«

Seine Führungsprinzipien hat Goldbeck in zehn Leitlinien gegossen – mit dem Schlagwort Vertrauen auf entscheidender Position. Hier kommen sie, hübsch der Reihe nach:

1. Führen Sie
   Erfolgreiches Zusammenarbeiten ist vor allem das Ergebnis gekonnter und engagierter Führung. »Führen ist eine Leistung«, heißt es wörtlich, »die hohen persönlichen Einsatz erfordert.«

2. Handeln Sie erfolgsorientiert
   Gemessen wird der Erfolg an Kundenzufriedenheit und am wirtschaftlichen Erfolg: Das ist das Maß. »Verdeutlichen Sie, was jeder Einzelne dazu beitragen kann, die Ziele zu erreichen.«

3. Schenken Sie Vertrauen
   Der Kern der Unternehmenskultur. Der besagt: Mitarbeitende sind als leistungsfähig und leistungsbereit zu behandeln. Deswegen ist ihnen Vertrauen zu schenken: »Übertragen Sie ihnen das geeignete Maß an Verantwortung. Fordern
   Sie Ihre Mitarbeitenden, überfordern Sie sie aber nicht.«

4. Seien Sie Vorbild
   Glaubwürdigkeit ist der Schlüssel für erfolgreiches Führen: Setzen Sie hohe Maßstäbe und lassen Sie sich auch
   selbst daran messen.

5. Zeigen Sie Initiative
   Hier geht es darum, neue Ideen zu entwickeln im Verband mit den Mitarbeitenden, um Produkte wie Prozesse
   voranzubringen.

6. Fördern Sie Ihre Mitarbeitenden
   Gemeint ist: Mitarbeitende in der beruflichen wie persönlichen Entwicklung zu beraten und systematisch zu
   begleiten. »Unterstützen Sie Ihre Mitarbeitenden auch,
   wenn sie sich an anderer Stelle im Unternehmen weiter
   entwickeln können oder wollen.«

7. Gestalten Sie gemeinsam
   Sollen Ideen und Strategien zum Erfolg führen, müssen
   sie gemeinsam getragen werden. »Beteiligen Sie daher
   Ihre Mitarbeitenden an Entscheidungsprozessen. Nur
   gemeinsam sind wir Goldbeck.«

8. Schaffen Sie Transparenz
   Mitarbeitende sind regelmäßig zu informieren, relevante Fragen sind zu beantworten. »Das Wissen um Hintergründe und betriebliche Zusammenhänge schafft Vertrauen, Orientierung und Akzeptanz.«

9. Führen Sie über Ziele
   Mit den Mitarbeitenden sind »klare, messbare Ziele« zu vereinbaren; ambitioniert, aber realistisch. »Übertragen Sie Aufgaben und Kompetenzen eindeutig.«

10. Kommunizieren Sie offen, klar und persönlich
    Gefordert ist ein Feedback an die Mitarbeitenden: »Loben Sie bei besonderen Leistungen. Üben Sie faire, konstruktive Kritik in persönlichen Gesprächen.« Und nicht zuletzt: »Seien auch Sie gesprächsbereit und holen auch Sie Feedback ein.«

Hat Ortwin Goldbeck selbst sich immer daran gehalten, was er als Führungskultur gepredigt hat? Er habe sich jedenfalls bemüht, sagt er. Geklappt hat es meist, aber nicht immer: »Für manche Dinge habe ich mich im Nachhinein geschämt, weil ich ungerecht war bei Personalentscheidungen. Dem einen oder anderen habe ich weh getan, was nicht ganz gerecht war.«

In der aktiven Zeit ist sein Blick stets nach vorne gerichtet, ein Unternehmer kann sich nicht mit alten Schlachten befassen, sich ewig grämen oder in Selbstzweifeln ergehen. »Wer neue Ufer erobern will, muss irgendwann den Point of no

Return überschreiten«, sagt Ortwin Goldbeck, »Das ist so. Das kann man nicht richtig lernen. Das hat man oder eben nicht.«

Er hat sich diese Fähigkeit seit Kindheitstagen antrainiert und als Unternehmer perfektioniert: »Wenn ich meinte, ich kann das, dann bin ich neue Dinge angegangen.« Was er zugibt: Nicht jedes Mal lag er richtig, aber das gehört dazu. Ein Unternehmer handelt unter Unsicherheit. Fehler passieren, sie sollten sich halt nicht wiederholen. Die gravierendsten Missgeschicke sind Fehler in der Personalauswahl: Der falsche Geschäftsführer kann enormen Schaden anrichten.

Haben Sie daher auch mal Manager rausgeworfen, Herr Goldbeck? »Ja, ja«, kommt schnell die Antwort, es waren nicht viele, die wenigen aber haben sich eingebrannt in seinem Gedächtnis.

Einmal traf es einen Einkaufsleiter, unterhalb der Geschäftsführung, aber mit hochtourigem Ego. In seinem eigentlichen Metier, dem Kampf um günstige Einkaufspreise, hatte der Mann Geschick, aber strategisch zu agieren, war nicht seine Stärke.

Zu allem Überfluss hat er sich von den Zulieferern allzu sehr hofieren lassen, der klassische Fall für verführbare Einkäufer in Unternehmen. Mal da ein Essen, mal da ein Geschenk, mal ein Ticket fürs Fußballspiel samt Hotel, mal die Reise nach Istanbul und zwischendurch auch mal Bargeld. »Als wir davon erfahren haben, war uns sofort klar: Wir müssen uns trennen«, berichtet Goldbeck. Der Einkäufer wird einbestellt, ein hinzugezogener Jurist und seinen beiden Getreuen Pohlmann und Knufinke warten schon. »Wir möchten das Arbeitsverhältnis sofort beenden«, wird der Delinquent begrüßt.

»Er hat nicht groß nachgedacht oder sich gar gewehrt.« Dazu ist der Fall zu eindeutig. Der Manager wird ohne Federschweif entlassen.

Ähnlich verhielt es sich mit einem der ersten Niederlassungsleiter, auch der ein sehr selbstbewusster, sehr von sich überzeugter Manager. Auch bei ihm stellt sich irgendwann der Verdacht ein: Der macht krumme Sachen. Mitte der 1990er Jahre, der Einheitsboom ist gerade am Abflachen, da präsentiert er der Zentrale seinen Vorschlag, Flugzeugdocks zu bauen. Er habe da sehr gute Kontakte, wirbt er für seine Idee, überredet schließlich den zurückhaltenden Chef Goldbeck und baut ein eigenes Team auf. Außerdem beauftragt er Berater in der Schweiz, zur fachlichen Unterstützung, wie er sagt, zur kriminellen Anbahnung von Geschäften, wie sich herausstellen sollte: Das angebliche Ingenieurbüro in der Schweiz ist kein Ingenieurbüro, sondern verteilt Schmiergelder, um so an Aufträge zu kommen. Dies fliegt bei der Steuerprüfung auf. Der Mann bekommt ein Strafverfahren an den Hals, die Goldbecks als Arbeitgeber hängen mit drin, weil das Geld von ihren Konten in die Schweiz transferiert wurde. »Wir haben uns dann schnell von dem Manager getrennt«, sagt Goldbeck. Er hatte keine andere Wahl.

Abgesehen von solch eindeutigen, nicht länger tragbaren Fällen bleiben auch zwischenmenschliche Probleme nicht aus, wie sich in einer weiteren abrupten Trennung zeigt, als ein Techniker »menschlich nicht reinpasste«, so Ortwin Goldbeck: »Das hätten wir vorher erkennen können, vielleicht war ich nicht konsequent genug, aber er drängelte so sehr, dass er Geschäftsführer werden will, dass ich zugestimmt habe.«

Kaum im Amt, eckt er überall an. Auch das geht nicht lange gut. »Er hat sich sonst nichts zuschulden kommen lassen, aber als Mensch war er nicht zu halten.«

So abrupt enden Karrieren, auch in Familienunternehmen, von denen die Legende besagt, dass es dort herzlicher zugehe als in börsennotierten Großkonzernen. Tatsächlich entspinnen sich auch im Mittelstand Intrigen sowie die üblichen Rangeleien im Kampf um Karrieren, angefangen mit Protokollfragen wie der folgenden: Wer darf bei einer Festveranstaltung neben dem Eigentümer sitzen? Und wer muss in die zweite Reihe? Alles hoch diffizile Dinge, wie sie jede Organisation kennt. Im Zweifel ist Ortwin Goldbeck als Schlichter gefragt.

Was der Patriarch weniger gut abkann, sind angestellte Manager, und seien sie noch so kompetent und hochgeschätzt, die sich irgendwann aufführen, als gehöre ihnen der Laden: Geschäftsführer und Eigentümer sind zwei Paar Schuh. Wer als Manager in Familienunternehmen reüssieren will, darf das nie vergessen. So wie der kluge Vorstand einer Aktiengesellschaft es sich besser nicht mit dem ihn kontrollierenden Aufsichtsratsvorsitzenden verscherzt, so empfiehlt sich eine gewisse Demut für Führungskräfte in Familienkonzernen. Es soll schon vorgekommen sein, dass Geschäftsführer rausgeworfen wurden, weil sie sich im Golf- oder Tennisclub des Eigentümers zu sehr nach vorne gedrängelt haben. Nicht bei den Bielefeldern Stahlbauern, um die es hier geht, die Gefahrenlage ist Ortwin Goldbeck aber durchaus bewusst: »Ein angestellter Geschäftsführer sollte auch in der Freizeit nur Ämter anstreben, die der Unternehmenskultur nicht widersprechen.«

Uniformität ist aber keineswegs gewünscht. »Offenheit, Ehrlichkeit und der Austausch von Argumenten sind gewünscht, auch wenn es mal Kritik an Führungspersonal oder Familie ist. Wichtig ist bloß, dass die Kommunikation respektvoll bleibt.«

MITARBEITERBETEILIGUNG – KAPITAL IN ARBEITNEHMERHAND

Warum gibt ein Fabrikant Anteile von seinem Eigentum an die Mitarbeitenden? Weil er plötzlich entflammt für die Idee des Sozialismus und die Klassengegensätze überwinden will? Dies ist auszuschließen im Fall von Ortwin Goldbeck. Warum also beteiligt er dann seine Belegschaft? Weil deren Druck zu stark wird, sie – bewaffnet mit Mao-Bibeln und Ho-Chi-Minh-Fahnen – die Maschinen stürmt? Nein, auch dergleichen hat sich bei dem Stahlbauer in Bielefeld nicht zugetragen. »Von den 1968er Unruhen haben wir nichts mitbekommen, es gab die junge, leicht linke Universität in Bielefeld, die Firma war davon nicht tangiert.«

Trotzdem ist festzuhalten: Goldbeck, dieses stocksolide Familienunternehmen im sturen Ostwestfalen, experimentiert früh mit der Beteiligung der Arbeitnehmer am Unternehmen. »Schon in den 1970er Jahren habe ich über eine Mitarbeiterbeteiligung nachgedacht«, erläutert Ortwin Goldbeck seine Beweggründe, »die Beziehung zu den Mitarbeitenden war mir immer sehr wichtig.«

Einer der Gründe, die den Ausschlag geben, dass es 1984 tatsächlich dazu kommt, ist ein Vorbild aus der Nachbarschaft, der

Bertelsmann-Konzern in Gütersloh. »Das haben wir natürlich verfolgt«, sagt Ortwin Goldbeck, fasziniert von den Ideen, die Reinhard Mohn (1921–2009), der charismatische Buchhändler, in die Welt trägt.

Bertelsmann beginnt schon in den 1950er Jahren, die Mitarbeitenden zu beteiligen, nicht alle Unternehmer sind davon begeistert: Was, wenn das Schule macht? Auch Ortwin Goldbeck erhält manch warnenden Rat: »Das kannst du nicht machen, das gibt nur Ärger.« Nicht mal die Gewerkschaften sind durchgehend dafür, eine Aufweichung ihrer Position fürchtend. Sozialpartnerschaft fördert nicht gerade das proletarische Bewusstsein, ist dem Klassenkampf deshalb nicht förderlich.

Ortwin Goldbeck wendet sich schließlich an die »Arbeitsgemeinschaft für Partnerschaft in der Wirtschaft«, kurz: AGP, einen 1950 gegründeten Verein, in dem sich Unternehmer und Wissenschaftler zusammengetan haben. Bundesverband Mitarbeiterbeteiligung heißt der Club heute, der Grundgedanke hat sich nicht verändert: die Überzeugung, dass »Partnerschaft und Mitarbeiterbeteiligung zwei wesentliche Voraussetzungen für eine gute Unternehmensführung und wirtschaftlichen Erfolg sind, von dem Unternehmen, Gesellschafter und Mitarbeitende gleichermaßen profitieren«.

Mithilfe der AGP setzt Goldbeck seine Mitarbeiterbeteiligungsgesellschaft formell in Kraft, eine stille Gesellschaft, an der sich die Angestellten beteiligen können. Seit 1984 sind sie eingeladen, auf diesem Weg am Unternehmenserfolg teilzuhaben.

Im ersten Jahr gibt Goldbeck, damals noch eine ungleich kleinere Firma, 160 Anteilsscheine mit einem Gesamtvolumen von 100 000 D-Mark aus. Heute sind mehr als 71 000 aktive

Anteilsscheine vergeben; »der beste Beweis dafür, dass wir gemeinsam an einem Strang ziehen«, sagen die aktuellen Geschäftsführer. »Auch dann, wenn die Zeiten mal schwieriger sind.«

Denn wichtig ist, und das unterschlagen sie gegenüber der Belegschaft nicht: Die Beteiligung verzinst sich nicht wie ein Sparbuch, die Rendite wird mithilfe des Gewinns berechnet. Im Fall von Verlusten – die in der Firmengeschichte bisher nur theoretisch vorkamen – blieben die Mitarbeitenden schadlos. Überwiesen wird der Bonus als Sonderzahlung, obendrauf auf das Festgehalt. Stimmrechte sind mit den Anteilen nicht verbunden, das Sagen behält die Familie. Und wer ausscheidet, weil er in Rente oder sonst wohin geht, der muss die Anteile zurückgeben, dafür erhält er den Wert ausgezahlt. So ist es von vornherein abgemacht.

Ursprüngliches Ziel der Initiative ist, neben der Motivation der Arbeitnehmer, eine zusätzliche Kapitalschöpfung für die Firma durch die Einlagen der Mitarbeitenden. An dem Punkt wird es für einen Moment technisch: Goldbeck schreibt fest, dass die Mitarbeiteranteile echtes Risikokapital sind, damit steht der Gegenwert dem Unternehmen liquiditätsmäßig in vollem Umfang zur Verfügung.

Das heißt aber auch: Das Geld der Mitarbeitenden ist nicht abgesichert. Im Fall einer Pleite der Firma wären die hübschen Anteilsscheine wertlos, die Beteiligung unterliegt folglich dem unternehmerischen Risiko. »Ihr müsst uns vertrauen, und wir vertrauen euch«, so formuliert es Ortwin Goldbeck, ein Pionier auch auf diesem Gebiet mit einem der ältesten Programme dieser Art in Deutschland.

Wer länger als ein Jahr im Haus ist, kann seinen Anteil jedes Jahr um 1200 Euro aufstocken, die damit zu erzielende Rendite schlägt jedes Sparbuch um Längen. »Im Schnitt hat sich der Einsatz mit mehr als 14 Prozent im Jahr verzinst, mancher Mitarbeitende finanziert sich so den Urlaub«, erzählt Jan-Hendrik Goldbeck.

Gewiss, die Firma könnte sich ihr Kapital heutzutage – in Nullzinszeiten – weit günstiger besorgen als von der Belegschaft, aber darum geht es nicht: »Die Beteiligung ist ein Baustein, um uns als Arbeitgeber attraktiv zu machen, um die Leute an uns zu binden. Sie sollen sagen: Es freut mich, ein Leben lang für Goldbeck zu arbeiten.« Da klingt der Sohn fast schon so patriarchalisch wie sein Vater.

Wie gesagt, Ortwin Goldbeck hat dabei nicht der Sozialismus geritten, seine Idee war eine andere: »Wir wollten eine zusätzliche Motivationsquelle für Mitarbeitende schaffen«.

Da ist sie wieder, seine Leitmelodie: Vertrauen vor Kontrolle. »Das hat mein Unternehmerleben geprägt«, sagt er. »Ich habe schnell erkannt: Ich kann vieles nicht allein, ich brauche Leute, denen ich vertraue.« Erst recht, als das Unternehmen wächst und wächst, da wird ihm rasch klar: Das ist allein nicht zu stemmen. »Ich habe gemerkt: Du musst delegieren, und das kannst du nur, wenn du Vertrauen hast.«

Dies erklärt, warum ihm diese Kultur so wichtig ist, bis heute. »Bei uns haben die Leute viele Freiheiten, aber sie müssen Verantwortung übernehmen. Und das möglichst tief runter in der Organisation, bis zum Schweißer.«

Dieses Vertrauen zu stärken – das ist der tiefere Sinn der Kapitalanteile in Arbeitnehmerhand. Aber verändert das tatsächlich die Einstellung der Belegschaft? Wahrscheinlich nicht bei jedem, und bestimmt nicht sofort vom ersten Euro an, an dem die Beteiligung greift, antwortet Goldbeck: Aber es sei Teil der Unternehmenskultur, die dieses »Vertrauen vor Kontrolle« unterstreicht.

Praktisch heißt das, Entscheidungen nach unten zu delegieren, das Geschäft dezentral voranzutreiben. Der Leiter einer Niederlassung irgendwo draußen in der Republik kann selbst einen Millionenauftrag annehmen oder ablehnen, ohne sich mit der Zentrale abzustimmen; »meist hält er trotzdem Rücksprache mit seinem Vorgesetzten, er muss es aber nicht«.

Die finanzielle Beteiligung der Mitarbeitenden ersetzt natürlich nicht den Betriebsrat, da sei schon das deutsche Betriebsverfassungsgesetz vor. Seit Ende der 1980er Jahre hat Goldbeck freigestellte Betriebsräte, die sich ausschließlich mit der Vertretung der Interessen der Belegschaft beschäftigen. »Mit meinem Generalschlüssel komme ich in alle Räume rein, nur nicht zum Betriebsrat, der hat Wert darauf gelegt, dass er einen eigenen hat«, sagt Ortwin Goldbeck, der sich um ein harmonisches Verhältnis zu dem Gremium bemüht. Schon deshalb, weil er keine Räume öffnen mag für Gewerkschaftsfunktionäre von außen, mit womöglich radikalen Ideen, jedenfalls mit weniger Verständnis für die betrieblichen Belange vor Ort, in guten wie in schlechten Zeiten.

DAS GESCHENK
DER WIEDERVEREINIGUNG

Die deutsche Einheit ist ein Geschenk der Weltgeschichte für
den Familienbetreib aus Ostwestfalen, »meine schönste Zeit als
Unternehmer«, wie Ortwin Goldbeck sagt. Kaum ist die Grenze
gefallen, setzt der Treck gen Osten ein: Alle wollen sie die »neuen
Bundesländer«, wie die DDR nach ihrem Kollaps politisch korrekt genannt wird, erobern: Aus dem Westen rücken jede Menge
Glücksritter an, von Investoren bis zu Immobilienmaklern und
Drückerkolonnen für Versicherungen, außerdem fällt dem westdeutschen Handel eine schlagartige Expansion seines Absatzge-
bietes in den Schoss. Der Onlinehandel existiert damals allenfalls
als Idee, wer etwas verkaufen will, braucht dazu ein Gebäude. Es
braucht daher sehr viele Gebäude, und das sehr schnell, schließlich will der Markt aufgeteilt werden. Wie sagte der Mann, der
die Öffnung erst denkbar macht, Michail Gorbatschow einst:
Wer zu spät kommt, den bestraft das Leben – oder in dem Fall
die Konkurrenz.

Also, neue Läden müssen her. Und das, solange die Wiesen
noch grün sind. Stein auf Stein zu setzen, dauert dafür zu lange.
Goldbeck mit seiner Serienfertigung ist da viel schneller – und

entsprechend gefragt. Halle für Halle stellen sie den expansions-
wütigen Discountern hin, da wird nicht lange gefackelt. Mit Fragen zu Aussehen und Ästhetik will sich niemand aufhalten, auch
die Qualität der Bauwerke ist erst mal zweitrangig. Anfangs muss
es so schnell gehen, dass sie Formteile hochziehen, die eigentlich für landwirtschaftliche Schuppen gedacht sind, kaum iso-
liert. »Die sind inzwischen alle wieder abgerissen«, sagt Ortwin
Goldbeck, »damals musste es vor allem schnell gehen.« Erst nach
drei, vier Jahren bauen sie dann richtig, will sagen: den eigenen
Qualitätsansprüchen genügend.

Der Gang in den Osten ist eine einzige Bonanza. In den vier
Jahren von 1990 bis 1994 verdreifacht sich der Goldbeck-Um-
satz, 60 Prozent davon entfallen auf die neuen Bundesländer.
30 bis 40 Prozent Wachstum pro Jahr sind derart beeindru-
ckend, dass Investmentbanker in Bielefeld vorsprechen, den Eigentümern schwindelerregende Zahlen nennen, die drin wären,
sollten die ihr Unternehmen an die Börse bringen. Zum Lockruf
des Kapitalmarktes später mehr.

Das Glück im Osten finden die Goldbecks ohne tiefere Beziehungen dorthin. Weder lebt dort Verwandtschaft, noch hatten sie
die Landstriche vor der Einheit bereist, abgesehen von einer tou-
ristischen Reise mit dem Rotary-Club. Sympathien für den »real
existierenden Sozialismus« hatte der Unternehmer nie, nicht mal
konkrete geschäftliche Verträge, die in der Branche üblich waren.

Im Gegenteil: Als Verbandsmann hat Ortwin Goldbeck immer dafür gestritten, dass die Produktion nicht abwandert in den
Osten, er hat sich dagegen gewehrt, dass die Großen der Stahl-
branche den Osten als verlängerte Werkbank gebrauchen und
damit Kompetenz im Westen verloren geht.

Nach der Wende lässt sich seine Initialzündung Ost genau datieren: Am 28. Dezember 1989, zwischen Weihnachten und Neujahr, bekommt er Besuch von einem Stahlbauer aus dem Osten. Eigentlich hatte er selbst vor, den Tag in der gerade kollabierenden Deutschen Demokratischen Republik zu verbringen, schließlich gilt es, einen Zipfel der Weltgeschichte zu fassen, Zeuge zu werden von einem ungeheuerlichen, kurz zuvor noch für unmöglich gehaltenen Vorgang: der Vereinigung der beiden deutschen Staaten; daran hatten 40 Jahre nach Kriegsende und Staatsgründung der DDR nur die wenigsten geglaubt.

Die Feierlichkeiten zum 40. Geburtstag gelingen dem SED-Regime jedoch nur noch mühsam, die Jubelveranstaltung gerät zur müden Inszenierung. Zu krass ist der Widerspruch zwischen Partei-Ideologie und gelebter Wirklichkeit, es braut sich etwas zusammen, die Machthaber in Ost-Berlin geraten von innen wie von außen unter Druck. Auf die Sowjetunion, den großen Bruder, ist unter Reformer Michail Gorbatschow für die Betonköpfe kein Verlass mehr, die angrenzenden »sozialistischen Bruderstaaten« zeigen immer weniger Lust, DDR-Bürger an der Flucht in bundesdeutsche Botschaften oder über noch bewachte Grenzen zu hindern und den DDR-Staatsorganen auszuliefern.

Die Flucht in die Bundesrepublik wird zu einem Massenphänomen, so gelangen im August 1989 beim Paneuropa-Picknick nahe Sopron 661 Ostdeutsche über die Grenze von Ungarn nach Österreich. Regelrechte Trabbi-Wellen rollen in den Westen, als Ungarn in der Nacht auf den 11. September 1989 seine Grenzen Richtung Österreich für DDR-Bürger öffnet. Es reisen so viele Menschen aus wie seit dem Mauerbau nicht mehr. Im Herbst 1989 fällt die SED-Diktatur schließlich in sich zusammen. Der greise Staatschef Erich Honecker übergibt noch an Egon Krenz, es sollte nichts mehr helfen.

Es folgt die Großdemonstration auf dem Berliner Alexanderplatz am 4. November und schließlich der Mauerfall und die damit verbundene Grenzöffnung an der Berliner Mauer in der Nacht vom 9. auf den 10. November. Die Wiedervereinigung, noch immer offiziell ausgeschlossen, wird in der Folge schneller Realität als von den maßgeblichen Akteuren auf beiden Seiten gedacht, die ökonomische Zwangslage und die politische Frustration lassen keine andere Wahl.

In dieser Umbruchsphase erkundet ein Stahlbau-Manager aus Falkenstein, nahe Plauen, den Westen, der Mann nutzt den Besuch seiner Familie in Westfalen, um berufliche Kontakte zu knüpfen. Ein Konkurrent aus Bielefeld ruft daher Goldbeck an, ob der Mann nicht auch dessen Betrieb sehen könne. »Klar«, antwortet der. Eine halbe Stunde später empfängt er jenen ostdeutschen Stahlbauer namens Dr. Rüdiger Kroll – der leitet im sächsischen Falkenstein einen volkseigenen Betrieb, wie die SED die aus Familienbesitz enteigneten Firmen nennt. In den 1970er Jahren war der Stahlbau-VEB auf diesem Weg entstanden, nun steht die Rückgabe an die ehemaligen Eigentümer an.

Kroll sucht daher Kontakt zu einem westdeutschen Stahlbauer, der ihm helfen könnte, in den neuen Zeiten zu bestehen. Und so steht er an jenem 28. Dezember 1989 vor dem Schreibtisch Goldbecks. Der Besucher verströmt mitreißende Emotionalität, steckt voller Unternehmergeist. Der Betrieb, in dem er arbeite – zugehörig zum Metall-Leichtbau-Kombinat (MLK)

Plauen, so der Stahlbauer aus Sachsen, solle wieder in den Besitz der ehemaligen Eigentümer: »Und dann, Herr Goldbeck, machen wir etwas zusammen.«

Damit ist der Ton gesetzt, die Abenteuerfreude entzündet. Die Expansion kann starten. Das Kombinat MLK im Osten, mit Sitz in Leipzig, ist das, was man modern ein Cluster nennt: viele kleinere Stahlbaubetriebe mit 30, 40 Leuten, von den sozialistischen Planerstellern dazu verdonnert, auch Konsumgüter herzustellen, und wenn es Kinderspielzeug in Form von Baukästen als Nebenprodukt sind. So wollte es die SED-Politik.

Am 1. März 1990 fährt Ortwin Goldbeck, begleitet von seinem Vertrauten Dieter Pohlmann, ins Vogtland, eine ungewohnte Tour in rückständiges Gebiet, wo sie sich gleich mal anderthalb Stunden verspäten. Die tonangebenden Leute, die sie dort empfangen, sind eher feindselig denn freundlich, es schlägt ihnen eine obrigkeitshörige Stimmung entgegen.

Die Menschen, die ihnen auf der Betriebsversammlung gegenüberstehen, wirken eingeschüchtert, verhalten sich zunächst zurückhaltend, ja ängstlich. Goldbeck gewinnt ihr Vertrauen, als sie merken, dass er es ernst meint. »Die Leute glaubten ihm, dass er mit ihnen gemeinsam etwas aufbauen wollte«, sagt Lars Luderer, damals Werkstudent in dem sächsischen Betrieb, später Geschäftsführer der Goldbecks.

Zu der Kooperation mit dem Alteigentümer soll es am Ende nicht kommen, zum Gang nach Osten, in die neuen Länder sehr wohl. »Das hohe Engagement der Mitarbeitenden in diesem Betrieb inspirierte, ja drängte mich dazu, mich unternehmerisch in die Pflicht nehmen zu lassen. Ich war gefragt, Verantwortung zu übernehmen.«

Zunächst verhandelt Goldbeck die Übernahme des Betriebs, den sein Feiertagsbesucher Kroll als angestellter Chef führt, die Firma war in der letzten Enteignungswelle der DDR, im Jahr 1973, in Staatseigentum übergegangen. Jetzt, nach dem Zusammenbruch, konnten die Alteigentümer sich ihren Besitz zurückholen, so wollten es die Regeln. Goldbeck trifft sich mit ihnen, trägt sein Konzept vor.

Bedingung: Die Goldbecks, also die Wessis, haben das Sagen, bekommen 51 Prozent der Anteile. Erstes Stutzen der Gegenseite. Erschwerend dazu kommen unüberbrückbare Differenzen beim Preis. Zwischen den Vorstellungen liegen nicht ein paar Pfennig, sondern der Faktor zehn. 20 Millionen D-Mark ist der Wunsch der Verkäufer, Ortwin Goldbeck sind zwei Millionen schon zu viel.

Schnell wird klar: Da passt nichts zusammen, da kommt nicht zusammen, was nicht zusammengehört, um ein Wort Willy Brandts abzuwandeln. Auf eine Nacht Bedenkzeit folgt die endgültige Absage: Das lasse er nicht mit sich machen, blockt der Alteigentümer Goldbecks Angebot ab. »Einmal haben die Sozialisten mir den Betrieb weggenommen, ein zweites Mal lasse ich ihn mir nicht von den Kapitalisten nehmen.«

Der Mann, der die ganze Zeit in Falkenstein gelebt hatte, probiert es lieber auf eigene Faust, als sich einem Wessi zu ergeben. Er führt den Betrieb noch vier, fünf Jahre weiter, dann ist Schluss. Die Firma übernimmt sich, der Anschluss an die neue Zeit misslingt, die alten Kontakte gelten nichts mehr, die Textilindustrie, die einstmals wichtige Kunden stellte, ist von der Bildfläche verschwunden.

Die meisten Ostbetriebe im Stahlbau waren es nicht gewohnt, sich am Markt zu behaupten, sie wussten nichts von Marketing, wussten nicht, was es heißt, zu verkaufen. »Stahlbau ist aber mehr als schweißen, ich brauche den Kontakt zu Kunden«, sagt Goldbeck.

Als die Gespräche mit den Alteigentümern scheitern, lässt Goldbeck nicht ab von seinen Plänen im Osten, er baut in Falkenstein eine eigene Konstruktions- und Montageabteilung auf, mit den beiden bisherigen Ost-Geschäftsführern. Das ist der offizielle Startschuss für Goldbeck in den neuen Bundesländern. So heißt das Gebiet der ehemaligen Deutschen Demokratischen Republik seit dem 3. Oktober 1990, dem offiziellen Tag der deutschen Wiedervereinigung, die juristisch einem Beitritt der ehemaligen DDR zur Bundesrepublik Deutschland entspricht. Nur wenige Woche später, im November 1990 startet Goldbeck mit einem Konstruktionsbüro und einer Montageabteilung, angesiedelt in der Baracke eines ehemaligen Textilwerks in Falkenstein, im Vogtland.

Der Chef kommt viel rum in diesen Tagen, begeistert sich dafür, die Weltgeschichte quasi am eigenen Leib zu erfahren, Goldbeck fragt sich: Wie denken diese Leute, die jetzt über Nacht Bürger der Bundesrepublik werden? Was halten sie vom DDR-Regime? Trauern sie ihm hinterher oder sind sie froh über die neuen Chancen? Bei manchen merkt er schnell, wie verhaftet sie mit ihrem Denken immer noch im alten System sind.

Ist er überrascht, wie marode der Osten ist, nachdem bis kurz vor dem Zusammenbruch geschönte Berichte den Westen erreicht haben? Nicht sonderlich. »Technologisch waren die Betriebe weithin auf unserem Stand, in der Schweißtechnik waren die gut«, sagt Goldbeck, schließlich haben die Stahlbauer aus dem Osten ja als Zulieferer für den Westen gearbeitet. Und die Auftraggeber haben von ihren Zulieferern die einschlägigen Zertifikate verlangt: »Das wurde sehr ernst genommen.«

Schnell findet er kundige, engagierte Mitstreiter vor Ort, etliche davon bleiben ihr gesamtes Arbeitsleben, einer steigt vom Praktikanten zum späteren Geschäftsführer auf. Was in diesen Tagen fehlt, ist eine eigene Fertigung, die Goldbeck übernehmen will. Etliche Kandidaten dafür schaut er sich in jenen »emotional aufwühlenden Tagen« als Übernahmeobjekte an. Nichts davon sagt ihm wirklich zu. Entweder sind Substanz und Perspektive zu schlecht oder die Preisvorstellungen der Ost-Besitzer zu übertrieben. Aufgestachelt werden die von Beratern aus dem Westen, die mit wohlklingenden Präsentationen die Klinken putzen und für ihre hübsch verpackten Allerweltsweisheiten üppige Honorare kassieren. Wie wenig ihre bunten Foliensätze mit der tristen Realität zu tun haben, zeigt sich erst mit Verzögerung. Seriöse Bieter haben dagegen keine Chance.

Da Goldbeck bei dem Goldrausch trotzdem nicht abseitsstehen will, bleibt ihm nichts anderes übrig, als von null zu beginnen, selbst einen Stahlbaubetrieb aufzubauen. Also begibt er sich auf die Suche nach einem passenden Standort. Wichtigstes Kriterium: Nah zur Autobahn muss es sein.

Auf der Rundfahrt durch potenzielle Baugebiete begleitet ihn der Chef der örtlichen LPG (Landwirtschaftliche Produktionsgenossenschaft), er zeigt ihm all die Flecken, die nicht wirklich für Ackerbau- und Viehzucht taugen. Davon eignet sich nichts für eine Produktionsstätte, bis sie in die Gemeinde Treuen kommen.

»Das ist hier nicht so leicht«, dämpft der empfangende Bürgermeister die Hoffnung, aus München waren ganze Busladungen mit Investoren zu Besuch, »die haben das ganze Land vertraglich gesichert«. Die Ankaufsverträge mit den Eigentümern sind schon unterzeichnet, damit waren die Vorkaufsrechte für die Grundstücke vereinbart, eine einzige Familie aus dem Osten habe sich gesträubt, zu verkaufen. Deren Grundstück schauen sich die Goldbecks an.

Kurz vor Weihnachten 1990 sitzen sie in einer ungeheizten Turnhalle mit den Eigentümern, einem Ehepaar, er 70, sie Ende 60, und dem Bürgermeister. Sie übernimmt das Wort, schimpft sogleich über die Lokalpolitiker, dann über ihre Eltern, die sie vernachlässigt hätten – und schließlich über ihren daneben sitzenden Gatten. Die Tirade dauert bestimmt eine Viertelstunde, Goldbeck lässt sie stumm über sich ergehen, nickt allenfalls, bis die Frau am Schluss sagt: »Ich verkaufe das Grundstück nie. Niemals.« Kurze Pause. Dann dreht sie sich zu dem Unternehmer: »Aber an Sie würde ich es verkaufen.«

Goldbeck lässt sich die Unterlagen geben, obwohl ihm die Sache nicht wirklich geheuer ist. Sein Schwanken beendet wenig später der Bürgermeister, als er ihm mitteilt, dass sich die Sache zerschlägt. Die Bezirksregierung entscheidet: Da wird nicht gebaut. Ein Abenteuer mehr im wilden Osten, aber immer noch kein Standort als Ausgangspunkt für die Expansion in Sicht.

Als Ersatz bietet der Bürgermeister ein Grundstück der Gemeinde an, wo Goldbeck schließlich landet: 80 000 Quadratmeter unbebautes Land. Ohne Straße, ohne nichts, dafür ziemlich billig: »Wir konnten unsere Fläche selbst zuschneiden, der Bebauungsplan wurde so gemacht, dass es für uns passt.«

Am 1. November 1991 erfolgt schließlich die Grundsteinlegung für das Goldbeck-Zweigwerk in Treuen im Vogtland, bei frostigem Wetter auf einem unerschlossenen Acker. »Fast orientierungslos haben wir den Grundstein gelegt.« Die ersten Mitarbeitende Ost werden ins Werk Bielefeld West geschickt, um sie vorzubereiten, sie mit Abläufen und Produktionstechnik vertraut zu machen. Es ist die Zeit der verstopften Straßen, in der immer wieder neue Schleichwege ausprobiert werden.

Noch mal ein Jahr später, am 1. November 1992, wird das neue Werk eingeweiht, mit Wirtschaftsminister Schommer als Ehrengast. »Wir wollen hier 100 Mitarbeitende beschäftigen«, verspricht ihm Goldbeck, damals waren es 30, heute sind es 800.

Der gesamte Aufbau wird bewältigt mit Finanzmitteln aus dem Westen, aber umgesetzt ausschließlich von den Menschen vor Ort. »Zu keiner Zeit übernahm ein Mitarbeiter aus dem Stammwerk in Bielefeld-Ummeln im Vogtland Führungsaufgaben.«

Für Ortwin Goldbeck ist dies ein entscheidender Faktor für die prächtige Entwicklung des Betriebes. »Ich traf in den neuen Bundesländern auf begeisterungsfähige Menschen und habe gespürt, wie diese Begeisterung auf mich übersprang. Wenn ich hingefahren bin, hatte ich immer das Gefühl: Hier kommst du zu Freunden.«

Sabotageakte, wie sie andere Investoren aus dem Westen erleben, habe es nicht gegeben, sagt Goldbeck. Sein Image ist ein anders. Es sind die kleinen Gesten, die Vertrauen schaffen, so fährt er im ersten Jahr einmal im Monat zum Abendessen mit den Führungskräften in die neuen Länder. Und als die erste Konstruktionsgruppe, zwei Männer, eine Frau, von dort mit dem Trabbi mühsam nach Bielefeld getuckert ist, überlässt er ihnen für die Rückfahrt in den Osten spontan einen nagelneuen Passat, nach gerade mal einer Woche Zusammenarbeit: »Die waren total platt. Wenn sie vor der Wende einen Dienstwagen wollten, mussten sie den Monate vorher beantragen.«

Die neuen Bundesländer haben, wie gesagt, Nachholbedarf, die Einzelhändler – Aldi, Lidl, Ikea und wie alle heißen – brauchen Verkaufsfläche, Goldbeck kann sich vor Aufträgen nicht retten. Die Kapazitäten der Stahlbauer geraten an ihre Grenzen. Der Wettbewerb ist übersichtlich, Goldbeck ist nun mal der Pionier mit seiner Art Lego-Bau mit vorgefertigten Teilen. Stein auf Stein zu schichten ist kein wirkliches Konzept in dieser Phase. Goldbeck expandiert massiv in den neuen Bundesländern, wird wahrgenommen, was hilft, fähige Mitarbeitende vor Ort zu finden, »sehr loyale Leute, von denen sich etliche nach oben gearbeitet haben«.

Da Goldbeck längst kein reiner Stahlbaubetrieb mehr ist, sondern zunehmend schlüsselfertige Bauten hinstellt, erlangen die Betonfertigteile eine immer größere Bedeutung.

Nach der Einheit beziehen sie diese zunächst von Firmen in den neuen Bundesländern, als die nach und nach von westdeutschen Investoren aufgekauft werden, scheiden sie häufig als Lieferanten für Goldbeck aus. Deshalb geht der Blick weiter ostwärts, nach Tschechien und Polen.

Eine tschechische Fabrik, welche die Firma Goldbeck beliefert, sollte 1993 privatisiert werden, eine Wirtschafsprüfungsgesellschaft meldet sich deshalb in Bielefeld und erkundigt sich nach eventuellem Interesse. Ortwin Goldbeck macht sich auf den Weg dorthin, wissend um die Skepsis gegenüber einem Wessi. Nach mehreren Gesprächen wächst gegenseitiges

Vertrauen. Prefabeton Dolni Bucice, so heißt die zum Verkauf angebotene Firma, etwa 80 Kilometer südöstlich von Prag gelegen. Preis, Qualität und Zuverlässigkeit entsprechen den Vorstellungen der Westfalen, was bei vielen anderen Firmen im Osten nicht selbstverständlich war. Das stärkt das Interessen, aller Skepsis zum Trotz, ob die Fabrik in dem fremden Land, mit fremder Kultur und Sprache, die Goldbecks nicht überfordert. Dazu kommt: Die Bielefelder verbauten Unmengen Betonfertigteile, mit deren Herstellung hatte sie aber keinerlei Erfahrung und natürlich auch keine entsprechenden Fachleute. Dies sind die Gedanken beim ersten Gespräch vor Ort, dabei ist der Initiator der Privatisierung, ein Mann aus der alten politischen Garde, der sich eine Beteiligung an dem privatisierten Unternehmen sichern wollte, dazu der Deutsch sprechende Wirtschaftsprüfer sowie der junge Werksdirektor. Beim Rundgang sieht Ortwin Goldbeck eine sehr veraltete Werksanlage und ein »chaotisches Durcheinander«. Die Produkte jedoch sind von akzeptabler Qualität. Schnell stellt sich heraus, dass der Initiator der Privatisierung und der junge Direktor ganz unterschiedliche Vorstellungen haben. »Uns wurde klar, dass eine erfolgversprechende Zusammenarbeit so kaum möglich war«, stellt Goldbeck fest. Ernüchtert fährt die Delegation nach Hause, erschlagen von den negativen Eindrücken in Tschechien. Dies registriert auch der mit dem Deal beauftragte Wirtschaftsprüfer, er meldet sich noch mal in Bielefeld, schlägt weitere Gespräche vor, am besten mit dem jungen Werksdirektor alleine, der auch bereit wäre, dazu nach Ostwestfalen zu reisen.

Bei diesem Treffen auf westlichem Boden offenbart jener Direktor namens Petr John, dass er in keinem Fall weiter mit dem

Parteifunktionär zusammenarbeiten würde, viel lieber sei ihm eine Privatisierung alleine mit den Goldbecks – ohne jedwede Beteiligung der alten Garde.

Zudem stellt sich heraus, dass John die Altbesitzer der Fabrik persönlich kennt, die ebenfalls gewisse Rechte daran haben. So entwickelt sich eine konstruktive Atmosphäre, die Goldbecks freunden sich wieder an mit dem Gedanken einer Übernahme. Nach zwei weiteren Gesprächen ist die Sache im Jahr 1994 spruchreif: Die Firma Goldbeck übernimmt Prefabeton Dolni Bucice, Direktor John wird zum Geschäftsführer ernannt und beteiligt. Es entwickelt sich schnell ein vertrauensvolles Zusammenspiel, »ein Glücksfall«, sagt Ortwin Goldbeck. Nach zwei Jahren wird aus Prefa Dolni Bucice auf Drängen der Mitarbeitenden Goldbeck Prefabeton, inzwischen ist sie längst um eine zweite Anlage ergänzt und das größte Betonfertigteilewerk in Tschechien.

Dieser mutige Schritt seinerzeit hat es ermöglicht, das Wachstum im Osten zu forcieren. Dies macht die Bielefelder für eine Gruppe interessant, mit der sie zuvor noch nie zu tun hatten: Investmentbanker wollen Goldbeck an die Börse locken.

DER LOCKRUF DER BÖRSE

Familienunternehmen und Börse – das sind für gewöhnlich zwei Welten ohne viele Berührungspunkte: Man tickt anders, man agiert anders. Das gilt auch für die Goldbecks. Als Ortwin Goldbeck 1969 mit seinem Stahlbaubetrieb anfängt, dient das Lehrerinnengehalt seiner Frau als Sicherheit gegenüber den Banken, im Falle einer Pleite wäre es von den Gläubigern herangezogen worden. »So war das angelegt, diese Möglichkeit habe ich aber gar nie in Betracht gezogen, weil ich das Gefühl hatte: Das klappt«, erzählt Hildegard Goldbeck, ihr Vertrauen in die Talente des Mannes waren groß, in wirtschaftlichen Fragen praktisch grenzenlos. »Der Betrieb war anfangs ja überschaubar.«

Als die Firma rapide wächst, geschieht dies im Vertrauen auf die eigenen Fähigkeiten wie auf die eigene Finanzkraft. Fremde Investoren bleiben außen vor. Man achtet stets auf die Eigenkapitaldecke, notwendige Kredite besorgt sich die Firma bei den Banken und Sparkassen vor Ort. Da kommt dann schon mal der Sparkassendirektor in die Fabrik und lässt sich alles zeigen, lässt sich die Zukunftsideen vortragen – und entscheidet dann recht freihändig: Das machen wir. Ihr bekommt die Finanzierung. »So was schafft persönliche Bindungen«, sagt Ortwin

Goldbeck, selbstverständlich vernetzt und persönlich bekannt mit den Bankern in seiner Heimatstadt Bielefeld. Im Zweifel sieht man sich im Rotary-Club.

Wie gesagt, der Kapitalmarkt ist eine andere Welt, anonym, kühl und ohne jegliche Loyalitäten. Der Familienunternehmer denkt in Generationen, die Börse in Quartalsberichten, die schnellsten Investoren, die sogenannten Algotrader, gar in Millisekunden, wenn sie per Computerprogramm Aktien kaufen und verkaufen – diese Art des Handels macht heute einen erheblichen Teil des Börsengeschehens aus. Wer sich darauf einlässt, hat sich diesen Regeln zu unterwerfen – oder er geht unter.

Trotz dieser Gegensätze nähern sich die beiden Welten an, Anfang der 1990er Jahre, nach dem Strohfeuer der Wiedervereinigung mit den gigantischen Wachstumsraten, rücken Investmentbanker in Bielefeld an auf der Suche nach Nachschub an erfolgsträchtigen Firmen für die Börse. Ob die Goldbecks nicht auch Lust auf einen Börsengang hätten? Schließlich machen es andere Familienunternehmen aus der Region vor: Börse ist nicht nur was für Hasardeure, jetzt kommt der solide Mittelstand zu seinem Recht, so geht die Argumentation.

Gerry Weber, der Modehändler, hat den Sprung bereits gewagt, auch Kampa mit seinen Fertighäusern, in der Systembauweise den Goldbecks nicht unähnlich, hat sich über die Börse Kapital für die weitere Expansion gesichert. Wäre das nichts?, so der Lockruf der Investmentbanker.

Ortwin Goldbeck reagiert zunächst reserviert, »wir wollten eigentlich nicht an die Börse«, sagt er, »Da nannten die Banker einige Zahlen. Und ich habe gedacht, oh, so viel, da muss ich doch noch mal nachdenken.«

Im Boom der Deutschen Einheit hatte der Stahlbauer eine Zeit mit 30 bis 40 Prozent Wachstum pro Jahr hinter sich – das schürt die Fantasie der Börse, solche Storys sind es, wonach Investoren lechzen. Zwei Banken, Deutsche Bank und die – inzwischen abgewickelte – Landesbank West LB, schicken deshalb ihre Abgesandten zu Goldbeck, um ihn fürs Börsenparkett zu begeistern.

Sie hofieren ihn nach allen Regeln der Kunst, nennen Summen, die ein Börsengang einspielen könnte, die »Schwindel auslösen können«, wie er noch heute sagt: »Wir hätten sehr schnell sehr viel Geld verdienen können.« 300 Millionen D-Mark sollte es im Falle eines Börsengangs für die Familie geben, so wird kolportiert, das entspricht in etwa dem, was das Unternehmen damals an Umsatz einfährt: »Eine so große Zahl, das konnte ich nicht fassen«, sagt Goldbeck.

Der Patriarch zögert, liebäugelt eine Zeitlang mit der Börsenidee. Als er kurz davor ist zu kippen, ist es wiederum seine Frau, die in einem entscheidenden Moment in das finanzielle Schicksal von Firma wie Familie eingreift. »Das finde ich nicht gut, das kannst du nicht machen«, redet sie ihrem Mann ins Gewissen. »Du hast deinen Kindern gesagt, sie sollen sich mal um die Firma kümmern.« Ein Börsengang zu diesem Zeitpunkt, die Söhne noch zu jung, um wirklich mitentscheiden zu können, sei voreilig, gibt sie zu bedenken. »Es wurde dann auch nicht gemacht.«

Hildegard Goldbeck, die sich nie ins Tagesgeschäft einmischt, hat einmal mehr in einer grundsätzlichen Frage dem Unternehmen den entscheidenden Kick gegeben. Ihr Mann dankt es ihr bis heute. Der Senior ist heilfroh, das Angebot der Investmentbanker ausgeschlagen zu haben, die Söhne ebenso: »Mit einer Börsennotierung hätten wir uns nicht so positiv entwickelt.«

Dazu muss man sich nicht mal die abschreckenden Beispiele der angeblichen Rollenmodelle Kampa und Gerry Weber vor Augen führen. Beiden Firmen ist der Börsengang nicht gut bekommen, beide sind sie heute pleite. Der Fertigbauer Kampa, einstmals ein Familienbetrieb, der auf eine im Jahr 1900 gegründete Tischlerei zurückgeht, war 1986 an der Börse gestartet, die Familie verkaufte ihre Anteile 20 Jahre später an Finanzinvestoren, heute ist davon nicht mehr viel übrig. 2009 wurde das Insolvenzverfahren eröffnet.

Ähnlich trist verlief die Börsenkarriere von Gerry Weber, quasi ein ostwestfälischer Nachbar (und Kunde) der Goldbecks. 1973 als Modeproduzent und -händler von Gerhard Weber gegründet, mit Tennisturnieren samt Sponsoring von Steffi Graf zu Berühmtheit gelangt, folgte 1989 der Gang aufs Parkett – und Jahre später das Desaster, Insolvenzverfahren inklusive. An der Börse geht es manchmal hoch, manchmal aber auch ganz tief runter. Das wollen sich die Goldbecks auch in der nächsten Generation ersparen, weil es den Charakter des Familienunternehmens verändern würde. »Wenn es sich vermeiden lässt«, sagt Jörg-Uwe Goldbeck, der älteste der Söhne, »dann werden wir es vermeiden.«

DER KATER NACH DEM RAUSCH – DIE KRISE AM BAU

Auf den Rausch der Einheit folgt der Kater. Die Lage ist düster. Eine Rezession zieht auf, Deutschland ist der kranke Mann Europas, die Bauindustrie ist besonders getroffen, ihre Umsätze sinken mehrere Jahre in Folge, die Unternehmen klagen über die »längste Struktur- und Konjunkturkrise der Nachkriegsgeschichte«.

Die Wiedervereinigung erweist sich als Strohfeuer, die Branche hat in dieser euphorischen Phase so gewaltige Überkapazitäten aufgebaut, als gäbe es kein Morgen. Fragwürdige Steuervorteile für die neuen Bundesländer taten ihr Übriges, das Baugeschäft zu überhitzen. Die Bilanz dieser Jahre ist am Ende bitter, kritisieren Wissenschaftler: Kaum jemand hat wirklich Geld verdient, viel Management wurde verschlissen, der nicht mehr aufzuhaltende Strukturwandel wurde schleifen gelassen.

Das dicke Ende kommt, als die Nachfrage einbricht. Der Staat zieht sich als Bauherr zurück, aufgrund der Rezession halten sich auch private Wirtschaft und Haushalte zurück. Ein scharfer, bisweilen ruinöser Preiswettbewerb ist die Folge, Gewinne sind im Inland kaum noch zu erzielen. Viele Bauunternehmen,

Schiefflage Baubande

auch große, konzentrieren sich nicht länger auf das reine Kern-
geschäft, sondern sind gezwungen, sich in neue Bereiche vorzu-
wagen, geografisch durch Auslandsexpansion wie inhaltlich etwa
ins Facility Management, im Ergebnis sinkt reihum der Anteil
der klassischen Bauaktivitäten am Umsatz. Bilfinger ist hier als
Beispiel zu nennen oder Hochtief.

Viele Unternehmen flüchteten in das risikoreiche Projekt-
entwicklungsgeschäft, um Bauumsatz zu generieren, dies erweist
sich häufig als der Sargnagel, wenn sie in die Insolvenz schlittern.

Reihenweise geht es den Betrieben an den Kragen, nicht nur
den kleinen, auch viele Mittelständler bis hin zu den ganz Großen straucheln. Viele der traditionsreichen deutschen Baukon-
zerne brechen zusammen oder werden von ausländischen Unternehmen aufgekauft, so dass zunächst gerade mal zwei deutsche
Namen von internationaler Bedeutung übrig bleiben – und
selbst die zählen nicht wirklich: Hochtief, 1990 hinter Philipp
Holzmann die Nummer zwei in der Branche, gerät unter Ho-
heit eines spanischen Großaktionärs, Bilfinger Berger wird unter
anderem durch Korruptionsfälle arg gerupft, später streicht das
Management den Namen Berger aus der Adresse und will heute
schon gar kein Baukonzern mehr sein.

Kanzler Gerhard Schröder (SPD) versucht, Philipp Holzmann zur Jahrtausendwende mit Steuergeldern zu retten, der von
ihm präsentierte Rettungsplan nimmt die Banken in die Pflicht,
außerdem lässt sich der Kanzler beim Rettungseinsatz in Frankfurt am Main mit »Gerhard, Gerhard«-Rufen feiern für eine in
Aussicht gestellte staatliche Bürgschaft über 125 Millionen Euro.
Ein »Sündenfall der Politik«, kommentiert Goldbeck – zumal
die Hilfsaktion nichts dauerhaft auszurichten vermag.

116

Der Baukonzern Holzmann, 1849 von Johann Philipp Holzmann gegründet, verschwindet im Nichts, es ist die bis dahin größte Baupleite im Land. Über Jahrzehnte war der Konzern das größte deutsche Bauunternehmen, ein wichtiger Global Player mit zeitweise deutlich mehr als 40 000 Mitarbeitenden. Ausgerechnet im Jahr des 150. Jubiläums, 1999, gibt der Vorstandsvorsitzende eine Überschuldung »aus unentdeckten Altlasten« bekannt. Im November 1999 scheitern die Verhandlungen mit den Gläubigerbanken, das Management stellt den Antrag auf Insolvenz. Im März 2002 scheitert die daraufhin folgende Sanierung endgültig.

Der schlecht gemanagte Konzern mit der ruhmreichen Historie beschäftigt zum Schluss noch rund 23 000 Menschen, die lange Liste der Vorzeigeprojekte bleibt in Erinnerung; von der Bagdad-Bahn bis zum Hindenburgdamm nach Sylt, vom Hamburger Rathaus bis zur Alten Oper in Frankfurt am Main. 13 Jahre nach der Pleite wird der Fall Holzmann im Jahr 2015 abgeschlossen und zu den Akten gelegt. 180 Millionen Euro kratzt der Insolvenzverwalter noch zusammen, die 9000 Gläubiger verlieren 83 Prozent ihrer Ansprüche.

Der ehemals stolze Konzern geht unter, ebenso der zweite Große im Bunde, Walter Bau in Augsburg, gegründet vom nicht uneitlen Ignaz Walter, der sich ein gewaltiges Sammelsurium an Firmen zusammenkauft. In Glanzzeiten beschäftigt seine Aktiengesellschaft 50 000 Mitarbeitende, 2005 folgt der bittere Sturz in die Insolvenz.

Die Lage der gesamten Branche bleibt für Jahre desaströs – der Bau legt eine Halbierung hin, von 1,4 Millionen Beschäftigten auf 700 000. Die Einnahmen sind über die Jahre um mehr als ein Drittel gesunken. Die Anzahl der Bauunternehmen mit mehr als 500 Beschäftigten sinkt dramatisch, von 180 Betrieben auf gerade einmal 25.

Auch für Goldbeck ist diese eine schwierige Zeit, angesichts der Tristesse allerorten. Die Arbeitslosigkeit erreicht ein Rekordhoch, die Sozialkassen sind leer, der Wohlfahrtstaat ächzt unter der Last. »In einer solchen Situation ist es schwer, Aufbruchsstimmung zu erzeugen«, sagt Goldbeck in einer Weihnachtsansprache vor der Belegschaft. Diese Reden sind ihm traditionell Mittel, seine Vorstellungen von Unternehmenskultur rüberzubringen, seine Leute emotional zu packen.

In jenem Krisenjahr spricht der Unternehmer von einer »Katastrophe«, nach dem zweiten rot-grünen Wahlsieg im Jahr 2002 sieht er den »sozialistischen Staat nicht mehr weit«. Goldbeck wörtlich: »Das vollkommen konzeptlose Agieren der neuen Regierung schafft Verunsicherung bei Konsumenten, Investoren und Unternehmen.« Die Nerven der Regierenden »liegen blank«, diagnostiziert er. Reißen sie nicht bald das Ruder herum, »wird unser soziales Sicherungssystem nicht mehr tragfähig sein«.

Jenes Jahr 2002 geht als das Jahr in die Firmengeschichte ein, in dem erstmals kein Wachstum in den Auftragseingängen zu verzeichnen ist. Der Chef hält dagegen, schwört die Verkaufsingenieure auf sein »Zehn-Punkte-Programm« als Wachstumskonzept ein. Es bleibt schwierig. Der erfolgsverwöhnte Unternehmer verhängt einen Einstellungsstopp, die Mitarbeiterzahl sinkt, »im Wesentlichen durch die natürliche Fluktuation«. Der Belegschaft werden Opfer abverlangt, die Firma ist nicht tarifgebunden, hält sich in der Regel aber an die zwischen Arbeitgeberverband und Gewerkschaft ausgehandelten Lohnabschlüsse.

In dieser Krise sieht Goldbeck sich dazu nicht in der Lage, man gibt die Tariferhöhung nicht weiter, auf das einsetzende Grummeln reagiert der Seniorchef mit einer Entschuldigung: »Solle der eine oder andere das Gefühl haben, dass die Geschäftsleitung das Vertrauen missbraucht hat, so entschuldige ich mich dafür und versichere Ihnen, dass das ganz bestimmt nicht gewollt war.«

Gleichwohl schlägt Ortwin Goldbeck ernste Töne an, mahnt, die Kosten seien zu hoch, der Einsatz Einzelner zu gering, er redet von Enttäuschungen, der Not, den Gürtel enger zu schnallen. Der Verzicht der Mitarbeitenden äußert sich in längeren Arbeitszeiten und dem Aufschieben von Lohnsteigerungen, etwa im Jahr 2003 »nach acht Jahren mit einem rückläufigen Bauvolumen«, wie er ungewohnt pessimistisch sagt. Um das Nettogehalt zu halten, werden die Arbeitszeiten verlängert, damit die Mitarbeitenden ihren Verpflichtungen nachkommen können.

In seiner Weihnachtsansprache 2003 klagt er, dass »wir erstmalig die geplanten Auftragseingangszeile nicht erreichen konnten: Das hat zwangsläufig auch Auswirkung auf unsere Beschäftigung und unsere Auslastung.«

In die feierliche Stimmung hinein rügt er Mitarbeitende, welche die »Möglichkeiten nicht erkannt haben und ihr Handeln nach alt gewohnter Weise nicht das erforderliche Ergebnis gebracht hat«. Für eine Weihnachtsansprache sind das ungewohnte Töne. Ortwin Goldbeck wörtlich: »Wenn wir erfolgreich sein wollen, dann müssen wir uns lösen von alten Routinen, dann müssen wir raus aus der Komfortzone.« Er mahnt und handelt, das Unternehmen wird umorganisiert, neue Köpfe rücken an entscheidende Posten.

Das Vertrauen in die Politik ist erschüttert, es wird noch einige Jahre dauern, bis Kanzler Schröder als Reformer gelobt wird für seine »Agenda 2010«, die er im März 2003 präsentiert hat – mit verhaltenem Echo, auch in Bielefeld.

Ortwin Goldbeck erkennt den Zwang der Reformen, zweifelt aber an der Durchschlagskraft. »Es muss jetzt gelingen, frei von Parteiideologie und Lobbyinteressen, die Reformen durchzusetzen, die den Unternehmen und den Menschen in diesem Land mehr Gestaltungsspielraum geben.« Die Kompromisse der rot-grünen Bundesregierung in Berlin nennt er »halbherzig«, nicht ausreichend, die »dringend erforderliche Aufbruchsstimmung« zu erzeugen. Es braucht einige Kraft, das Ruder herumzureißen.

EIN GLOBAL PLAYER AUS BIELEFELD

Europas Marktführer im Gewerbebau

Seit der Gründung des Unternehmens Goldbeck im Jahr 1969 hat sich vieles verändert. Allein in den letzten zehn Jahren hat sich die Zahl der Mitarbeitenden fast vervierfacht, und zahlreiche Standorte in Deutschland und Europa sind hinzugekommen. Man spricht jetzt Englisch und Französisch in der Firma, Spanisch und Italienisch, Niederländisch, Tschechisch und Polnisch. »Wir tragen Overall und Sicherheitsschuhe, Krawatte und bunte Socken oder T-Shirt und Sneakers«, wird in einer Firmenpräsentation geschrieben. »Unsere Welt ist farbenfroh und vielseitig.«

Ostwestfälisch bleibt die Muttersprache, Bielefeld die Heimat, Goldbeck versteht sich jedoch als europäisches Unternehmen, nachdem die Aktivitäten außerhalb der deutschen Grenzen immer weiter ausgedehnt wurden. In Österreich hat die Familie 2001 mit dem Bregenzer Bauunternehmen Rhomberg

Venture vereinbart, es bedient vor allem die
erreich und Schweiz, der Schwerpunkt lag
auf Mitteleuropa mit Standorten in Polen,
......en, der Slowakei, Slowenien, Ungarn. Dazu kamen
in der jüngeren Zeit Standorte in den Niederlanden, in Groß-
britannien und Skandinavien. Im Mai 2019 kaufte Goldbeck
den französischen Industrie- und Logistik-Generalunterneh-
mer GSE, damit stießen Standorte in Spanien, Portugal, Italien, Rumänien und sogar eine kleine Dependance in China
hinzu – außerdem 450 neue Mitarbeitende. »Durch die erfolg-
reiche Übernahme sind wir heute als europaweit führend im
Gewerbebau etabliert«, sagen die Goldbeck-Söhne, die den Vater erst vom Sinn dieser Investition überzeugen mussten. Und
das hat Gründe.

Die Abenteuer in Frankreich

Wohl jede Unternehmerbiografie hat eine Schramme, ein Ge-
schäftsmann entscheidet schließlich unter Unsicherheit. Hinterher ist jeder schlauer. Auf die Frage nach dem größten Misserfolg
ist für Ortwin Goldbeck die Antwort klar: »Der erfolglose Aufbau unternehmerischer Aktivitäten in Frankreich.«
Nachdem sie in den 1980er Jahren entschieden hatten, es
brauche eine dezentrale Vertriebsorganisation, folgt in den
1990er Jahren der Beschluss: Wir müssen ins Ausland. Die erste
Wahl fällt auf Frankreich, genauer gesagt auf das Elsass: »Wir
dachten: Das ist es, da haben wir wenig Sprachprobleme, finden deutschsprechende Ingenieure«, erzählt Ortwin Goldbeck.

Er hat sich getäuscht. Der Ausflug erweist sich als Millionengrab, nicht zuletzt aufgrund der kulturellen Differenzen. Ostwestfalen und Elsässer wollen einfach nicht harmonieren. Was die Zentrale aus Bielefeld auch vorschlägt, es provoziert erst mal Widerstand. »Das läuft in Frankreich anders«, heißt es dann abwehrend. Und wenn sie in Paris im Restaurant auf dem Eiffelturm für Unsummen tafeln, vorgeblich, um Kunden zu becircen, dann entspricht das so gar nicht dem ostwestfälischen Geschmack. »Solche Sachen sind uns erst nach und nach aufgefallen«, sagt Ortwin Goldbeck im Rückblick.

Was sie mit der neuen Tochtergesellschaft auch versuchen, straffe Führung oder lange Leine – die beiden Seiten finden nicht zueinander, man verhakelt sich in einem fort. Die Franzosen werden nicht glücklich mit der deutschen Unternehmensleitung, die Goldbecks erst recht nicht und zahlen nur drauf. »Nach drei, vier Jahren mit Verlust haben wir die Reißlinie gezogen«, sagt Ortwin Goldbeck, nachdem sie sich mit ihrer unprofitablen Gießerei zuvor schon zehn Jahre gequält hatten.

Wer je als Manager versucht hat, in Frankreich einen Standort oder eine Fabrik zu schließen, weiß, was das bedeutet: »Eine Tortur«, stöhnt Goldbeck noch heute, auch wenn es nur um ein Dutzend Mitarbeitende ging. Es ist unglaublich schwer, in Frankreich Stellen abzubauen, als ausländischer Arbeitgeber erst recht.

Münden die Verhandlungen mit dem Betriebsrat in Deutschland in der Regel in einem teuren Sozialplan, so ist die Lage jenseits des Rheins noch mal eine ganz andere. Verglichen mit der Radikalität dort sind deutsche Gewerkschaftsführer, so kämpferisch sie auch tönen, die reinsten Waisenknaben.

So eskaliert der Arbeitskampf manchmal gar in Richtung Bürgerkrieg, teilweise mit brennenden Barrikaden und Straßenschlachten, Hungerstreiks oder gekidnappten Managern – der Chef als Geisel ist durchaus ein beliebtes Stilmittel in dieser Art Auseinandersetzung, den linke Hitzköpfe gerne zum Aufruf zur Weltrevolution nutzen.

Aus dem missglückten Ausflug nach Frankreich zieht Ortwin Goldbeck die Konsequenz, die Expansion jenseits der Landesgrenzen strategischer anzugehen: Eine eigene Gesellschaft für das internationale Geschäft, die Goldbeck International, wird dazu im Jahr 1997 gegründet, den Manager Uwe Brackmann lobt Ortwin Goldbeck als Vater und Motor des Ganzen. Als Erstes wird die neue Einheit in Polen aktiv (gefolgt von der Slowakei und England). In Posen entsteht die Zentrale der polnischen Landesgesellschaft, unter »Wildwest-Umständen«, wie Ortwin Goldbeck erzählt: Ein Geschäftspartner wird in seiner S-Klasse-Limousine auf offener Straße geschickt gestoppt, und nachdem er sich kurz umsieht, fährt sein Auto ohne ihn weiter. Weder Auto noch Unterlagen tauchen jemals wieder auf.

Stoppen können solche Widrigkeiten die Expansion ins Ausland nicht. Selbst nach Frankreich, dem Ort ihrer herben Niederlage Anfang der 1990er Jahre, kehren die Goldbecks zurück. Der Senior schaut zunächst argwöhnisch, als die Söhne einen neuen Anlauf nehmen wollen in Frankreich, genauer gesagt in Avignon, mit besagter Firma GSE – der größten Investition in der Firmengeschichte.

Am Ende stimmt Ortwin Goldbeck zu, im Vertrauen darauf, aus den Fehlern von damals gelernt zu haben. Dieses Mal gehen sie die Sache anders an. Die Strategie berücksichtigt die unterschiedliche Unternehmenskultur, die sich annähern soll, wobei GSE sehr eigenständig agiert: »Ich sehe, das geht«, sagt Ortwin Goldbeck. »Wir wollen GSE nicht dominieren, lassen die Franzosen mit einem eigenen Profil auch in Deutschland arbeiten. Und idealerweise lernen die Firmen voneinander.« Beide Unternehmen entwickeln eine gemeinsame Vision mit einer klar definierten strategischen Roadmap, man will die Marktführerschaft im Bau von Gewerbeimmobilen weiter ausbauen.

Die neue Tochtergesellschaft übernehmen die Bielefelder auf einen Schlag zu 100 Prozent. Die neue Beteiligung ist, im Gegensatz zur damaligen Tochterfirma im Elsass, profitabel – wenn auch nicht in so hohem Maß wie die Muttergesellschaft in Bielefeld.

So viel Selbstbewusstsein muss schon sein. Das spornt die Neulinge im Unternehmen an. Geografisch teilen sie sich die Absatzmärkte auf. Portugal, Spanien, Italien und China werden zum Beispiel aus Frankreich betreut, »das überlassen wir denen«. Mit Erwerb des Generalunternehmers GSE im Mai 2019 stärkt Goldbeck die Präsenz in Süd- und Westeuropa. Mehr als 600 Millionen Euro, immerhin, trägt GSE inzwischen zur Gesamtleistung bei, drei Viertel davon auf dem Heimatmarkt, was beweist: In Frankreich ist für Goldbeck doch Geld zu verdienen.

Mit Nokia in Rumänien

Das Dasein als »Hidden Champion« hat zweifellos Vorteile: Heimliche Champions stehen eben nicht unter der ständigen Beobachtung einer argwöhnischen oder bisweilen missgünstigen oder gar boshaften Öffentlichkeit. Wenn bei Daimler oder der Deutschen Bank ein Eimer Wasser umfällt, überschwemmen selbst die paar Liter Flüssigkeit die Nachrichten. Passiert das in einem Konzern wie der Münchner Rück oder der Allianz, wiewohl wertvoller, fällt das meist nicht weiter auf.

Voraussetzung für öffentliche Empörung ist eine gewisse Mobilisierungsfähigkeit, was heißt: das Unternehmen, die Marke muss hinreichend polarisieren, die Leute müssen damit etwas anfangen können, müssen eine Meinung dazu haben. Nur dann funktioniert Skandalisierung. Im Fall von Banken und Autobauern darf diese Voraussetzung als gegeben angesehen werden, der unscheinbare Küchenhersteller aus Ostwestfalen dagegen fliegt unter dem Radar, der Bauunternehmer aus Bielefeld die meiste Zeit auch – zumindest solange er nicht Schuld hat, dass ein Berliner Flughafen sich um ein paar Jährchen verzögert. Aber das ist ein anderes Thema. Mit den Goldbecks wäre das mit hoher Wahrscheinlichkeit nicht passiert.

Was es heißt, in die Öffentlichkeit gezerrt zu werden, erfahren die Bielefelder zum ersten Mal, als eine Baustelle in Rumänien zum Thema wird. Ein Projekt wie viele andere. Tadellos abgewickelt, Goldbeck hat sich keine Schuld aufgeladen. Juristisch sowieso nicht; nicht mal moralisch, wenngleich versucht wurde, genau diesen Eindruck zu erwecken.

Plötzlich stehen sie im Sturm und auf dem Firmengelände die Kameras von TV-Teams. Damit hatten sie nicht gerechnet, das hatten sie noch nie.

Was also ist passiert in Dörfchen Jucu in Siebenbürgen? Goldbeck hat dort eine Fabrik gebaut, so wie es tägliches Geschäft ist. Dieses Mal jedoch wird das Projekt skandalisiert, werden die Bielefelder als angeblich böse Buben in eine Globalisierungsdebatte hineingezogen, ohne dass sie wissen, wie ihnen geschieht.

Die Geschichte geht so:

Anfang 2007 rücken in Siebenbürgen die Bagger an einen Flecken, wo sich die Einwohner noch mit dem Pferdekarren über staubige Wege fortbewegen. Nun entsteht auf der Wiese ein 159 Hektar großer Industriepark namens Nokia Village«, damit wird die bisherige Steppe zu einem Symbol für das, was Globalisierung genannt wird: internationale Arbeitsteilung mittels weltweiter Wertschöpfung.

Auf den Äckern von Jucu, dem 4100-Seelen-Dorf bei Cluj (Klausenburg), herrscht plötzlich Hochbetrieb. An den Bauern mit Pelzmützen brausen immer mehr bullige Geländewagen deutscher Bauart vorbei, auf den Straßen wimmelt es von Bauarbeitern in Signalwesten. Nachdem der finnische Handyhersteller Nokia auf dem Auberginenacker am Rande der Stadt seine Produktionshalle errichtet, kündigen auch der Logistikkonzern UPS und der amerikanische Automobilbauer General Motors Interesse an dem Standort an. Selbst Mercedes kann sich vorstellen, im neuen Industriepark ein Werk zu bauen. Alles wegen dieser Finnen.

Der Konzern Nokia, einst als Gummistiefelproduzent zu Ehren gekommen, dann weltweit dominanter Handy-Hersteller, will hier Mobiltelefone produzieren »Made in Romania«. Dies reicht noch nicht für einen öffentlichen Aufruhr, der entzündet sich an der Tatsache, dass die Finnen die Produktion vom bisherigen Stammwerk Bochum ins billigere Rumänien verlagern.

Und auf der Wiese vor der Produktionsstätte steht das große Schild mit dem Namen Goldbeck als ausführendem Bauunternehmen, diese Tafel schafft es in so gut wie jede Nachrichtensendung. Als Ortwin Goldbeck in den »Tagesthemen« die Aufnahme mit seinem Namen zum ersten Mal sieht, denkt er noch: »Das ist ja toll.« Der zweite Gedanke ist schon: »Oh, was da wohl rauskommt?«

Am nächsten Morgen um neun Uhr klingelt bei ihm das Telefon mit einer Interviewanfrage, das TV-Team wartet schon vor der Zentrale – auf der Suche nach O-Tönen und Bildern einer vermeintlich bösen Kapitalistenfirma, die hilft, den Malochern in Bochum ihre Jobs wegzunehmen. Die Journalisten führen nichts Gutes im Schilde, schließen die Goldbecks aus dem tendenziösen Ton der Fragen. Den Bauunternehmern schwant: Sie sollen vorgeführt werden als Aasgeier, sollen dem ruchlosen Ausbeuter ein Gesicht geben, nach dem Muster: Wie können Sie mit der Schuld leben?

Denn in der öffentlichen Wahrnehmung ist die Sachlage entschieden: Die Baufirma Goldbeck profitiert von der Verlagerung der Produktion mit einem Auftrag über 40 Millionen Euro, während in Bochum auf einen Schlag mehrere tausend Arbeitsplätze vernichtet werden; in und um die bisherige Handy-Fabrik herum.

Die Stadt im Ruhrgebiet steht Kopf, Politiker entrüsten sich. Und da es wenig bringt, irgendwelche anonymen Manager in Helsinki anzugreifen (auch wenn die über das Aus der Fabrik entschieden haben), zielt mancher Pfeil eben auf die Goldbecks, ohne den Vorwurf gegen sie zu konkretisieren: Hätten sie den Auftrag ablehnen sollen? Muss eine Baufirma bei jedem Neubau einer Produktionshalle prüfen, ob die dort entstehenden Arbeitsplätze woanders wegfallen? Dürfen sie, im Gegenteil, nicht stolz darauf sein, dass ein Weltunternehmen wie Nokia sie, den Stahlbauer aus der Provinz, beauftragt? Wo ist das Problem? Schließlich ist nichts an dem Projekt illegal, gar nichts.

Eine ziemlich abstruse Debatte entspinnt sich an dem Fall, die das ostwestfälische Familienunternehmen in die Defensive bringt. Das ist der Punkt, an dem sie entscheiden: Wir müssen uns coachen lassen, müssen künftig gewappnet sein für Gespräche vor laufender Kamera, auch wenn es in so einer Situation erst mal wenig zu gewinnen gibt, da selbst NRW-Ministerpräsident Jürgen Rüttgers (CDU) Feuer frei gibt. Jener Landesvater Rüttgers, der Ortwin Goldbeck kurz zuvor noch das Bundesverdienstkreuz 1. Klasse für wertorientiertes Unternehmertum verliehen hatte mit der Begründung, der Stahlbauer habe aus einem kleinen Handwerksbetrieb eine international agierende Unternehmensgruppe geformt.

Nun schlüpft der Politiker flugs in die Rolle des klassenkämpferisch Empörten. Er kritisiert, dass Abwanderung und Jobvernichtung die Angst der Bevölkerung schüren. Im Wahlkampf versteigt der Ministerpräsident von NRW sich gar zu Schmähungen der rumänischen Nokia-Arbeiter, für die er sich hinterher entschuldigen muss: »Im Unterschied zu den Arbeitnehmern hier im Ruhrgebiet kommen die in Rumänien eben nicht morgens um sieben zur ersten Schicht und bleiben bis zum Schluss da. Sondern die kommen und gehen, wann sie wollen, und wissen nicht, was sie tun.«

So kommt es, dass der bis dahin unbescholtene Mittelständler Goldbeck sich plötzlich an den Pranger gestellt sieht. »Das

Nokia-Werk in Rumänien ist eines der internationalen Projekte, von denen wir in Bielefeld leben und die die Arbeitsplätze in Bielefeld sichern«, verteidigt sich das Unternehmen, das Werk in Jucu sei mit eigenen Monteuren sowie mit in Deutschland vorgefertigten Bauteilen errichtet worden. Schlüsselfertig, inklusive der Gebäudetechnik, dazu zuverlässig schnell, wie es nun mal Art des Hauses ist. Schließlich schickt man sich gerade an, mit wettbewerbsfähigen Preisen die Weltmärkte zu erschließen. Zudem habe Nokia den Auftrag mit einer Kapazitätserweiterung begründet.

Goldbeck hat unruhige Wochen zu überstehen, kommt am Ende aber ohne bleibenden Imageschaden davon, die Firma ist für die Zukunft gewarnt: Das Risiko um die eigene Reputation steigt mit der Bekanntheit und damit mit dem Erfolg. Aus einem Arbeitsunfall, der gestern allenfalls eine Randnotiz in den Lokalteilen gewesen wäre, erwächst schnell die Gefahr für imageschädigende Nachrichten, ist die Baufirma erst mal groß genug.

Für Nokia endet das Ganze dagegen mit einem Desaster: Der langjährige Weltmarktführer für Handys scheitert grandios, als neue Wettbewerber auf den Plan treten. Apple revolutioniert mit dem iPhone den Markt, dagegen sehen die Finnen plötzlich furchtbar alt aus.

Von der ehemaligen Dominanz und Herrlichkeit bleibt nichts, aber auch gar nichts übrig – ein Beispiel mehr dafür, wie flüchtig ökonomischer Erfolg ist, selbst für vermeintliche Giganten. In ihrer Verzweiflung stoßen die Finnen die Handy-Sparte an Microsoft ab, die Marke existiert – unter neuen Eigentümern – noch in der Nische, das Werk in Rumänien ist längst wieder geschlossen. Die Vision vom großen Aufschwung ist zerstoben, das große Wirtschaftswunder ausgefallen. »Der Aufschwung Ost hat aufgehört, bevor er richtig anfing«, schrieb eine Reporterin der *FAZ*: »Die Zeit der Investments auf der grünen Wiese hat nicht mit Nokia begonnen. Sie war mit Nokia vorbei.«

Bielefeld goes Silicon Valley

In ihrem Zug raus in die Welt sind die Goldbecks aus Bielefeld – fast schon naturgemäß – auch dort gelandet, wo alle sind, die an der Spitze des Fortschritts marschieren: im Silicon Valley – als erstes deutsches Bauunternehmen überhaupt. Natürlich haben sie dort keine Fabrik für Betonteile, sondern eine Art Zukunftslabor, eine kleine Einheit, die sich nach spannenden technologischen Trends und Köpfen umschaut.

Was das der Baufirma bringt in Euro und Cent? Wie viele zusätzliche Aufträge, wie viel Umsatz? Wer so fragt, ist kleinlich. Es geht um Netzwerke, um Einblicke in die Zukunft, und es geht nicht zuletzt um die Marke: Wer junge Talente nach Bielefeld locken will, dem hilft das Schlagwort Silicon Valley ungemein. Vielleicht darf man ja selbst dort hin? Eine Adresse in Kalifornien ist jedenfalls attraktiv für High Potentials. Und die Zeiten, als die Goldbecks vorwiegend klassische Stahlbauer, Monteure und Schweißer gesucht haben, sind längst vorbei. Heute braucht es unter anderem Mediendesigner, Softwareentwickler und Experten für Virtual Reality.

Zum Start in Amerika gönnen sich die Goldbecks einen Campus mit vier kleinen Häusern in Menlo Park, dem

Städtchen, wo sich einst Google gründete und heute Facebook mit seiner Konzernzentrale residiert. Hier, nur einen Fußmarsch von der Stanford University entfernt, haben sich die Ostwestfalen 2019 mit ihrer Niederlassung (Goldbeck US Inc.) angesiedelt, zunächst mit einem Trio von Abgesandten; ein Planer, ein Bauleiter und ein Gebäudetechniker – drei Technologiescouts auf der Suche nach Themen, die Goldbeck für »Prozesse und Produkte adaptieren« kann.

Sie sollen Tools und Software entdecken, die für den Einsatz am Bau taugen. »BIM« ist eines der Zauberworte für die Digitalisierung in der Branche: Building Information Modeling, kurz eben BIM, bei den global führenden Baukonzernen bereits im Einsatz. Goldbeck spielt in dieser Liga mit, ist im Bereich BIM führend.

Die digitale Revolution marschiert – auch auf dem Bau. So viel hat das Familienunternehmen verstanden. Autonom laufende Roboter, Drohnen als Vermesser – die technologische Erneuerung kommt mit Macht und Milliarden. Es wird auch Zeit. Die Bauindustrie war lange weit abgeschlagen in Sachen Digitalisierung, dahinter kamen nur noch Jagd und Fischerei, so verkünden es die einschlägigen Studien. Das ändert sich nun. Großkonzerne, Investoren – und auch ambitionierte Aufsteiger wie die Goldbecks stürzen sich auf den Bereich. »Construction Tech« ist das Schlagwort dafür, analog zu »Biotech« oder »Fintech« in weiter fortgeschrittenen Branchen.

Der technologische Rückstand des Baus hat, aus finanzieller Sicht, freilich auch sein Gutes: Hier liegt noch ein unbeackertes Feld für Geldgeber, die nach neuen Anlagemöglichkeiten suchen und jetzt auf den Bau gekommen sind, da sonst schon so vieles abgegrast ist. Fünf Milliarden Dollar von Wagniskapitalgebern aus aller Welt sind binnen kürzester Zeit in den Bereich geflossen, allein die japanische Telekommunikations- und Investmentfirma Softbank, die immer zur Stelle ist, wenn eine Sache heißläuft, ist mit mehr als zwei Milliarden im Spiel gewesen. In diesem Fall mit überaus mäßigem Ergebnis: Das kalifornische Bau-Start-up Katerra, angetreten, um die gesamte Branche umzukrempeln, ist im Sommer 2021 mit vollem Karacho an die Wand gefahren – ein Totalschaden für die engagierten Investoren, die zwei Milliarden Dollar verloren haben, vorneweg jene japanische Softbank mit ihrem Megafonds »Vision Fund«. 2018 hatte Katerra in einer Finanzierungsrunde noch knapp 900 Millionen Dollar eingesammelt, das Bau-Start-up mit Sitz in Menlo Park wähnte sich auf der sicheren Siegerstraße Richtung Digitalisierung, beschäftigte in guten Tagen mehr als 8000 Mitarbeitende.

Das hatte sich bis nach Bielefeld herumgesprochen. Die Goldbecks hatten von der Firma in Kalifornien gehört, die ein sehr ähnliches Geschäftsmodell wie sie verfolgte: planen, schlüsselfertig bauen, mit angeschlossener eigener Fertigung und dem Fokus auf Geschossbauten wie Wohnhäuser mit viel Holz. Das klang so spannend, dass die Ostwestfalen großes Interesse an einem Treffen in Kalifornien entwickelten. Einfädeln sollte dies ein befreundeter Wissenschaftler an der Stanfort University namens Prof. Martin Fischer. Der winkte ab und sagte, ich kann gerne eine Verbindung zu Katerra herstellen, aber die werden nicht erpicht sein, mit euch, einem Bauunternehmen aus Bielefeld, über ihr Geschäftsmodell zu sprechen. Im Auftrag von Jan-Hendrik Goldbeck fragte Prof. Martin Fischer schließlich bei Katerra an. Die Antwort von CEO Michael Marks (einst in Diensten von Tesla): »Klar, tauschen wir uns gerne aus.« Der Manager kannte überraschenderweise Goldbeck, hatte sogar schon einen Abstecher nach Bielefeld gemacht, wie er berichtete: »Wir waren vor drei Monaten gerade erst mit einer kleinen Delegation und zusammen mit einem Projektentwickler in Bielefeld und haben uns vom Geschäftsführer International Uwe Brackmann über den Bielefelder Campus führen lassen.« Offenbar hatte Katerra längst Goldbeck als Vorbild erkannt und wollte sich dort mal umgucken. Die Lektion hat offenbar wenig gefruchtet, und wir lernen aus dem Fall: Es ist eben kein Kinderspiel, ein Bauunternehmen – selbst mit gutem Geschäftsmodell und potenten Investoren – zu erhalten oder gar nach vorne zu bringen.

Weltweit bringt es die Bauindustrie gegenwärtig auf einen Anteil von 13 Prozent am Bruttosozialprodukt. Wenn eine Branche dieser Größe digitalisiert wird, ist Musik drin. Wer dabei den Takt vorgibt, ist noch nicht entschieden. Das macht es nochmals spannender. Eine Garantie auf Gewinne gibt es, wie eben gesehen, nicht. Die gibt es nie in solchen Situationen.

So hat sich selbst ein Konzern wie Google bereits die Finger verbrannt. Dessen Versuch, eine digitale Baufirma aufzubauen, ist am Straucheln. Das Projekt, ein neues Stadtviertel in Toronto zu realisieren, wurde schnell wieder eingestellt. Weltweit versuchen sich ein paar hundert Start-ups in der Digitalisierung des Baus. Traditionelle Firmen – seien es Hochtief oder die Goldbecks – versuchen daran teilzuhaben, aber auch die einschlägig bekannten IT-Konzerne sind mit von der Partie, von IBM bis Microsoft.

Das Feld dafür ist weit: Blockchain, 3D-Modelle, digitale Baustellentouren, Virtual Reality – alles remote. All das wird die Bauindustrie verändern, sind die Pioniere aus Ostwestfalen überzeugt.

Der Computer ermöglicht es, viele Risiken vorwegzunehmen, wo man früher auf der Baustelle in den Tag hineingearbeitet hat. Die Bauleitung hat heute, wenn sie mag, totale Transparenz über die Prozesse: Vom Betonmischwerk über den Transport bis zur Baustelle erhält sie Daten zur Konsistenz und allem anderen, was das Herz begehrt.

Der Hightecheinsatz beginnt bereits mit der Planung im 3D-Modell, noch vor der Stunde null auf der Baustelle. Bevor die Baugrube ausgehoben wird, kam traditionell das Vermesserteam. Für diese Vorarbeit braucht es heute nicht mehr unbedingt Menschen. Das kann alles die Drohne. Statt des Truckers, der die Erdmassen aus den Baugruben karrt, fahren die Fahrzeuge autonom – nicht erst in ferner Zukunft, das passiert heute schon.

Anschauungsunterricht bieten Baustellen in aller Welt, für Tunnel in Hongkong, für Flughäfen in Amerika oder in Australien. Besonders in Down Under sind schon viele Trucks ohne menschliche Lenker unterwegs, am Steuer sitzt Kollege Roboter. Wenn die Maschinen jetzt noch schlau werden und gar miteinander kommunizieren, mindert dies auch das Risiko für Leib und Leben. Sie stoppen automatisch, wenn sie einem Arbeiter zu nahe kommen. Es wird dadurch weniger gefährlich auf dem Bau. Maschinen arbeiten präziser und werden auch nicht müde, das minimiert die Wahrscheinlichkeit von Unfällen, auch öffnen sich Räume für kreative, strategische Arbeiten. Obendrein lockt der ökonomische Nutzen, da der Hightecheinsatz Kosten spart. Roboter kennen keine 35-Stunden-Woche. Die schuften 24 Stunden, rund um die Uhr.

Es ist schlicht ungemein praktisch, was die Goldbecks heute schon an technologischen Errungenschaften zum Einsatz bringen: 3-D-Planung, mit der vor Augen sich Bauherren durch den Entwurf bewegen, die passende Innenausstattung aussuchen. In Sekundenschnelle können Kunden per Virtual-Reality-Brille erleben, wie andere Fassaden aussehen, verschiedene Raumlösungen oder die günstigere Büroausstattung: Willkommen auf der digitalen Baustelle! Der komplette Bauprozess soll digital abgebildet werden, bis hin zum Endprodukt, lange bevor das erste Fundament gegossen ist. In der Zukunft, so das Ziel, laufen im »Digitalen Zwilling« sämtliche Gebäudeinformationen zentral zusammen, kommuniziert intelligente Gebäudetechnik selbständig mit dem Facility Management und werden Abläufe über den gesamten Lebenszyklus eines Gebäudes effizienter und transparenter.

Das ist der Anspruch. Der Weg dorthin führt unter anderem über Kalifornien, durch das Silicon Valley. »Wir sehen uns als europäisches Technologieunternehmen, weniger als klassisches Bauunternehmen«, sagt Jan-Hendrik Goldbeck, treibende Kraft innerhalb der Familie hinter dem Abenteuer in Amerika. »Wir wollen ein Produkt verkaufen, keine Baumasse. Wer sich nur auf die Baustelle konzentriert, hat in zehn Jahren keine Daseinsberechtigung mehr.« BIM soll helfen, den Nutzen einer Immobilie zu steigern, das Tempo beim Bauen zu erhöhen, die Kosten zu senken sowie überhaupt die Fehlerquote am Bau und im fertigen Gebäude zu minimieren.

Das sind die Gründe, warum sie sich umschauen in der Start-up-Szene Kalifornien. Ihre Idee: Wir laden die Gründer ein, ihre Ideen zu präsentieren. Wer damit überzeugt, darf auf eine Kooperation mit Goldbeck hoffen. Einmal pro Woche bespricht sich das Scout-Team mit den Kollegen in der Heimat. Von den 100 Ideen, die sie im ersten Halbjahr gesammelt haben, schafften es immerhin 15 in die engere Wahl. Und wenn sie schon mal dort sind, pflegen sie auch Gastfreundschaft für Besucher aus der Heimat: Ein Gästezimmer in Menlo Park ist immer frei, dazu laden die Goldbecks Abgesandte von Partnerunternehmen ein, von Hilti, Schüco und wie sie alle heißen, sie alle können ebenfalls Scouts schicken auf der Suche nach Inspiration. Auf der Suche nach der großen Idee. Und vielleicht dem großen Geld.

Mit Tesla in Grünheide

Goldbeck hat das Standbein im Silicon Valley sicher nicht geschadet, als es darum ging, den wohl prominentesten Auftrag in der Firmengeschichte an Land zu ziehen: den Bau der Tesla-Fabrik vor den Toren Berlins, in Brandenburgs Steppe. Ausgerechnet.

Auf einer Preisverleihung in Berlin im November 2019 überrascht Elon Musk, der Pionier der Elektromobilität, die Weltöffentlichkeit mit der Ansage, das erste Tesla-Werk Europas in Grünheide zu errichten. Ein Jahr später kündigt er an, das Werk auch zur weltgrößten Batteriefabrik zu machen. Gebaut wird das Werk Musks zu maßgeblichen Teilen von den Goldbecks, jenem Familienunternehmen aus der deutschen

Provinz – nicht die nächstliegende Paarung für dieses immens prestigeträchtige Projekt. In Grünheide geht es um weit mehr als um eine schnöde Fabrik: Musk ist ein Weltstar, der die Menschen spaltet wie kein anderer Automanager: Visionär oder Scharlatan? Dazwischen gibt es nichts. Als Heilsbringer wird er von seinen Fans mit fast religiöser Hingabe verehrt, seine Gegner feinden ihn an als hochtourigen Großkotz, wobei im Laufe seiner Karriere manche Skeptiker ins Lager der Anhänger überwechselten. Anders ist der gigantische Aufstieg der Tesla-Aktie nicht zu verstehen, getrieben mehr von Fantasie als von harten Zahlen: An der Börse wird die Zukunft gehandelt – und die heißt nach Ansicht der Investoren offenbar Tesla, heißt Elon Musk. Seine penetrant verlustträchtige Firma ist mehr wert als die deutschen Hersteller zusammen, obgleich die ein Vielfaches an Stückzahlen verkaufen.

Selbst ehemals hartgesottene Vertreter der Verbrennerfraktion wechseln mit fliegenden Fahnen ins Elektrolager, Herbert Diess, ehemals BMW-Vorstand, dann VW-Chef ist es eine Ehre, Elon Musk rumzukutschieren, wenn er im Privatjet in Deutschland einfliegt zur Besichtigung seiner Baustelle – ein immens prestigeträchtiges Projekt und gleichzeitig ein Test: Kann Deutschland noch Großprojekte? Und das mit Tempo und Freude am Fortschritt? Wie hält es die Republik mit Investitionen und Innovationen?

Goldbeck steht dazu bereit. »Die deutsche Baufirma führt der Welt vor, wie schnell man mit vorproduzierten Teilen eine riesige Fabrik hochziehen kann«, lobt die froh gestimmte Fachpresse. Goldbeck bleibt im Zeitplan, treibt die anderen Gewerke vor sich her.

Beschleunigt wird das Ganze durch Musks Mut, ohne endgültige Baugenehmigung vorzulegen – im Vertrauen darauf, dass es niemand wagen wird, das Projekt ernsthaft zu stoppen, obwohl durchaus eine bunte Schar an ökologisch- oder sonst wie bewegten Gruppen aufmarschiert, die absurderweise selbst fade Kiefern zum schützenswerten Naturparadies erklärt: »Eine Kiefernholzplantage zum Kampffeld zu machen, ist absurd«, sagte selbst der Grünen-Bundestagsfraktionsvize Oliver Krischer. Das habe mit Naturschutz nichts zu tun.

Tesla arbeitet zunächst mit einer Reihe von Vorabzulassungen, ohne die endgültige umweltrechtliche Genehmigung. Im Juli 2020 beginnen so, nach einem unzeremoniellen ersten Spatenstich per Bagger im Mai, die Rohbauarbeiten für die deutsche Gigafactory. Nicht mal ein Jahr später, im Mai 2021, ist dieses Werk vollbracht und von Tesla abgenommen. »Nach zehn Monaten harter Arbeit auf allen Seiten sind wir mit unserer Aufgabe fertig«, vermeldet Jan-Hendrik Goldbeck stolz auf dem Social-Media-Netzwerk Linkedin. Er bedankt sich bei Tesla, bei CEO Elon Musk, seinem eigenen Team und den Partnern für ihren Beitrag. Dazu veröffentlicht Goldbeck ein Foto vom Baustart im Juli 2020 und ein aktuelles mit den außen fertigen Gigafactory-Gebäuden. Außerdem zu sehen: ein Ausschnitt aus einem Abnahmezertifikat mit Tesla-Logo für »Core and Shell«, also den erweiterten Rohbau.

Wie aber kamen sie an den Auftrag? Ziel müsse es sein, »jedes Projekt, das für uns interessant ist, wenigstens zu kennen«, sagt Ortwin Goldbeck dazu. »So gut muss unser Netz sein. Im Wesentlichen gelingt das auch.« Steht irgendwo ein relevanter Bau an, kriegen sie das vorher spitz, um am besten schon vorher Kontakte zu den Bauherren geknüpft zu haben. Diesen Anspruch haben sie, dafür arbeiten sie.

Im konkreten, außergewöhnlichen Fall stellt der Jüngste die Verbindung her, er nimmt Kontakt auf zu Elon Musk, wie, wo und wann genau, das ist geheime Kommandosache. So will es der Auftraggeber, der seinen Geschäftspartnern strenge Verschwiegenheitskriterien auferlegt. Mit der Öffentlichkeit hat er es nicht so, Tesla verfügt nicht mal über eine Pressestelle, wenn, dann verkündet der Chef persönlich seine Weisheiten über Twitter – auch wenn ihm das Rügen der amerikanischen Börsenaufsicht einträgt.

Nun ist es – bei allem Erfolg der Goldbecks – nicht so, dass sie keine Wettbewerber mehr hätten auf dem Bau, nur: allzu viele sind es nicht mehr, schon gar nicht solche, die mit ihrer Geschwindigkeit konkurrieren können. »Projekt wie Tesla können nur wenige leisten, da fallen viele Mittelständler weg«, sagt Seniorchef Ortwin Goldbeck. Das Lego-Prinzip ist nun mal die Spezialität der schnellen Baufirma aus Westfalen. Und so waren sie ziemlich frei, sich aus dem großen Baupaket in Grünheide das rauszusuchen, was sie am besten können. Sie mussten deswegen nicht mal geschlossen auf Tesla-Autos umsteigen.

DER INGENIEUR

Der Skizzenblock ist der treue Begleiter von Ortwin Goldbeck. Bis heute. »Mein Leben lang habe ich nach besseren Lösungen gesucht«, sagt er, »Ich war und bin mit Leidenschaft Ingenieur.«

Der Stahlbau ist sein Leben, »wenn ich durch die Fabrik gehe, fällt mir etwas ein«, erzählt Ortwin Goldbeck. So ist es noch heute, den Kopf hat er stets voller Gedanken: Warum machen wir das so? Geht es anders nicht besser?

Wichtiger als die vorgegebene Norm ist die Idee des Ingenieurs: »Die optimale Lösung ist häufig neben der Norm.« Nie hat er sich mit vorgefundenen Regeln, Formeln und Rechenmodellen zufriedengegeben. Immer ging es um die andere, die bessere Lösung. »Dieses Denken war ausschlaggebend, das eigene Unternehmen zu gründen. Nur hier hatte ich die Freiheit, neue Ideen umzusetzen.«

Damit ist er beides, Ingenieur und Unternehmer, ein permanentes Spannungsfeld. So wie in der Geschichte von einem Mann im Heißluftballon, an der dies deutlich wird.

Die Geschichte geht so: Ein Pilot hat mit dem Heißluftballon die Orientierung verloren. Er geht tiefer, entdeckt einen Passanten und ruft:

»Entschuldigung, können Sie mir helfen? Ich habe einem Freund versprochen, ihn vor einer Stunde zu treffen. Jetzt weiß ich nicht, wo ich bin.«

Der Mann am Boden antwortet: »Sie sind in einem Heißluftballon, in ungefähr zehn Metern über Grund. Sie befinden sich auf dem 49. Grad 28 Minuten und 11 Sekunden nördlicher Breite und 8. Grad 28 Minuten und 28 Sekunden östlicher Länge.«

»Sie müssen ein Ingenieur sein«, sagt der Ballonfahrer.«

»Bin ich«, so die Antwort. »Woher wissen Sie das?«

»Nun«, sagt der Pilot. »Alles, was Sie sagen, ist technisch korrekt. Aber ich habe keine Ahnung, was ich mit Ihren Informationen anfangen soll. Ich weiß immer noch nicht, wo ich bin. Offen gesagt waren Sie keine große Hilfe. Sie haben höchstens meine Reise noch weiter verzögert.«

Darauf entgegnet der Passant: »Sie müssen im Management tätig sein.«

»Ja«, antwortet der Ballonfahrer. »Aber woher wissen Sie das?«

»Nun«, sagt der Mann. »Sie wissen weder wo Sie sind, noch wohin Sie fahren. Sie sind aufgrund einer großen Menge heißer Luft in Ihre jetzige Position gekommen. Sie haben ein Versprechen gemacht, von dem Sie keine Ahnung haben, wie Sie es einhalten können, und erwarten von Leuten unter Ihnen, dass sie Ihre Probleme lösen. Tatsache ist, dass Sie nun in der gleichen Lage sind wie vor unserem Treffen, aber merkwürdigerweise bin ich jetzt irgendwie schuld.«

Die Geschichte illustriert, wie unterschiedlich Manager und Ingenieure an Probleme herangehen.

Goldbeck ist, wie gesagt, beides: ein Ingenieur mit unternehmerischer Verantwortung. Die Gegensätze treffen sich in einer, in seiner Person: Wie geht der Unternehmer mit der Kreativität des Ingenieurs um? Wird aus der Idee eine marktfähige Innovation? Kann er die wirtschaftliche Verantwortung dafür übernehmen? Keine leichten Fragen, nicht auf Anhieb zu lösen, auch nicht in schlaflosen Nächten. »Das kann ich aus eigener Erfahrung bestätigen«, sagt Ortwin Goldbeck.

Und dennoch: Diese Spannung zwischen Kaufmann und Tüftler ist für den Stahlbauer eine der Triebfedern für den Aufstieg: »Gerade in unserer technisch orientierten Wirtschaftswelt ist das Zusammenspiel zwischen kreativem Ingenieursgeist und Unternehmergeist einer der wichtigsten Erfolgsfaktoren.« Ohne Spannung fließt kein Strom.

Der Ingenieur in ihm schuldet dem Unternehmer Rechenschaft, nicht alles, was er sich ausdenkt, will der Kaufmann in ihm mittragen. Es gibt organisatorische und ökonomische Zwänge, die dem Ingenieur Grenzen setzen. Aber auch der Unternehmer muss akzeptieren, dass es in der Technik Grenzen und Regeln gibt, die ein guter Ingenieur nicht ignorieren kann. »In einem Punkt stimmten der Unternehmer und der Ingenieur in mir immer überein – das war die Vision. Die Vorstellung von dem, was man erreichen wollte, für das es sich lohnt, mit ganzer Kraft zu arbeiten.«

Vom Ingenieur in der Art eines Ortwin Goldbeck streng zu trennen ist der reine Erfinder in seinem Kämmerchen. Gewiss, es braucht Erfindergeist, so wie der Stahlbauer vorgeht, er ist aber keiner, der Jahrzehnte in der Einsamkeit an technologischen Umbrüchen oder gar deren wissenschaftlichen

Grundlagen forscht. Insofern ist er mehr Macher denn Erfinder. Unternehmer, Gestalter, Umsetzer. Eine Erfindung besteht aus zwei Teilen: Idee und Ausführung. Nur die verwirklichte, die umgesetzte Idee gilt als Erfindung.

»Vater hat Passion für die Technik und hat stets im Blick: Was bringt das für die Realität? Was bedeutet das für die Menschen? Das hat er vielen voraus«, sagt der jüngste Sohn Jan-Hendrik. »Er ist kein Eierkopf, kein Nerd.«

Ortwin Goldbeck möchte die Ergebnisse, auch die ökonomischen Ergebnisse, seines Erfindungsgeistes sehen – wobei die Reihenfolge klar ist: Vorne steht die Technik. Die Zahlen sind das Ergebnis, das daraus folgt, wenn er etwa so lange tüftelt, bis der Materialfluss in seinem Betrieb seinen Vorstellungen von Effizienz genügt. Ein weiteres Beispiel seines technischen Ehrgeizes sind die Hauptträger der Goldbeck-Parkhäuser, mit einem relativ dünnen Steg, der sich schnell verzieht: »Das hat lange gedauert, bis es geklappt hat. Andere hätten da aufgegeben«, sagt Sohn Jörg-Uwe Goldbeck.

Der materielle Antrieb ist nicht Kern der Motivation als Unternehmer, was nicht heißt, dass Ortwin Goldbeck das Finanzielle gleichgültig wäre. Natürlich will und braucht er als Unternehmer ökonomischen Erfolg, gewiss hatte er als Jungunternehmer in den frühen Jahren auch den Traum, sich irgendwann einen Mercedes leisten zu können.

Er selbst räumt ein, dass es ihm als Techniker bisweilen schwerfiel, einzusehen, dass Mitarbeitende, die auf bestimmten Gebieten besser waren als er selbst, unentbehrlich sind für die Weiterentwicklung des Unternehmens. »Wer führen will, muss akzeptieren und auch ertragen, dass es auf allen Ebenen

Fachleute gibt, die in ihrem Bereich besser sind als man selbst«, sagt Ortwin Goldbeck: »Das war wohl die wichtigste Erkenntnis, die wichtigste Voraussetzung für unternehmerisches Wachstum.«

So hat sich sein Selbstverständnis mit dem größer werdenden Unternehmen geändert. Der Ingenieur in ihm erkannte, dass es nötig ist, eine Kultur zu schaffen, die den anderen Freiräume für die eigene Kreativität und eigenverantwortliches Handeln ermöglicht. »Will man die Köpfe und Herzen der Mitarbeitenden gewinnen, ist gegenseitiges Vertrauen wichtiger als alle Kontrollinstrumente«, sagt er. »Das ist für mich als Unternehmer die wichtigste Aufgabe.«

DER TAUSENDSASSA – DIE EHRENÄMTER

Politik

Gewiss, als Unternehmer strebt Ortwin Goldbeck zeit seines Lebens nach wirtschaftlichem Erfolg. Wie soll es auch anders gehen? Ohne Gewinn ist es schnell vorbei mit der Herrlichkeit, jeden Monat wollen die Löhne und was sonst nicht alles an Rechnungen beglichen werden. Und wenn am Ende nichts übrig bleibt, was das Vermögen mehrt, ist der Einsatz nichts wert, zumindest schwer zu rechtfertigen auch vor sich selbst.

Allein, das Streben nach Rendite ist nicht der eigentliche Antrieb eines Mannes wie Goldbeck. Das sagt er selbst, das bestätigen alle, die ihn kennen, seine Frau und die drei Söhne vorneweg. »Ich wollte schon auch Anerkennung haben, Schulterklopfen für gute Leistungen«, sagt Ortwin Goldbeck und lacht sein Spitzbubenlachen: So viel Eitelkeit muss erlaubt sein, soll das wohl heißen. Nur im Stillen vor sich hin zu tüfteln und zu schuften, das ist seine Sache nicht.

Nicht, dass es den Ostwestfalen an die Hotspot der High Society getrieben hätte oder in die Klatschspalten der bunten Boulevardblätter gar, davon kann nicht die Rede sein. All das ist ihm ein Gräuel. Wichtigtuerische Neureiche, allzeit bereit, dick aufzutragen, sind so gar nicht die Gesellschaft, die er sucht.

Gleichwohl tut es ihm erkennbar gut, wenn sein Werk, seine Ideen, sein wirtschaftlicher Erfolg gewürdigt werden.. Am besten von Menschen, auf deren Urteil er zählt, denen er sich in Wort und Tat verbunden fühlt. Und das sind im weitesten Sinne Unternehmer, Persönlichkeiten mit einem ähnlichen Wertekompass wie er. Liberal, wertkonservativ, bodenständig, verankert im christlichen Glauben.

Wer lügt und betrügt, ist bei ihm unten durch, mag er als Unternehmer noch so viel wirtschaftlichen Erfolg einheimsen. Sich an Recht und Gesetz zu halten, das versteht sich von selbst und ist in seinen Augen gleichwohl zu wenig. »Es geht auch um die innere Verpflichtung, sich an die Tugenden zu halten«, sagt er.

Es gehe um eine Haltung des »Das tut man nicht.« »Unsere Gesellschaft orientiert sich strikt an Paragrafen, statt auf die innere Stimme zu hören: Das kann ich doch nicht machen.« Diese Einstellung hat sich aus seiner Sicht geändert, »leider auch in manchen Unternehmen«, wie er bedauernd sagt: »Wenn Firmen sich an Recht und Gesetz halten, reicht das nicht.«

Nicht mal das bodenständige Ostwestfalen jedoch ist vor Figuren gefeit, die ausreizen, was juristisch zulässig ist, und manchmal sogar testen, wie weit sie darüber hinausgehen können. Zu solchen Typen geht man auf Distanz, ohne darüber viele Worte zu verlieren.

In seiner Haltung von Pflicht- und Ehrgefühl nennt der Stahlbauer in dem Zusammenhang Hans-Jochen Vogel als leuchten-
des Beispiel, einen Sozialdemokraten ausgerechnet, wo Goldbeck doch seit Urzeiten als Parteimitglied der CDU die Treue
hält. Kleinteilig parteipolitisch dachte er freilich noch nie. Und
ein Politiker wie der 2020 verstorbene Hans-Jochen Vogel, für
seine Klarsichthüllen-Akkuratesse lange als Pedant verlacht, ist
ihm ein Vorbild an Verantwortungs- und Pflichtgefühl, an An-
stand und »das tut man nicht«.

Ortwin Goldbeck selbst tritt Anfang der 1970er Jahre der
Union bei, den Sprung in die Selbständigkeit hatte er gerade
gemeistert, als ihn CDU-Vertreter vor Ort ansprechen, ob er
nicht bei ihnen mitmachen wolle. Er will, wird dann Ortsvor-
sitzender der CDU in Brackwede, arbeitet eine Legislaturperi-
ode im Bezirksrat mit. Das reicht ihm. Stundenlage Debatten,
ob die Straßenlaternen nachts um elf oder um halb elf abge-
schaltet werden sollen, solche Fragen sind nicht das, was ihn in
seinem Kopf umtreibt.

Für die Kommunalpolitik jedoch braucht es bisweilen un-
empfindliche Nerven und vor allem viel Zeit und Sitzfleisch.
Wenn alle Punkte zu einem Thema gesagt sind, findet sich
immer noch jemand, der meint, dass ein Argument erst zählt,
wenn es auch noch aus dem eigenen Mund verlautbart wird.
Über diese Art »Zeitdiebe« oder »Zeitreiche« und ihre Quas-
selei ist aus der Ferne leicht zu spotten, in den Tagungszim-
mern der Kommunalpolitik sind sie nur schwer zu ertragen,
umso schwerer, je länger sich der Abend zieht. Jeder Amtsträ-
ger (und auch jeder Lokalreporter) weiß ein Lied davon zu
singen.

Die Kommunalpolitik weckt jedenfalls nicht so viel Euphorie in Goldbeck, als dass sie seine Politkarriere weiter befeuert hätte. Zeitweise ist er Kreisvorsitzender der CDU-Mittelstandsvereinigung, zeitweise sitzt er auch im Vorstand des Wirtschaftsrates, dem Zusammenschluss von Unternehmern zur Stärkung marktwirtschaftlicher Ideen in der CDU. Nichts jedoch deutet auf höhere Ambitionen Goldbecks auf dem Feld der Politik hin. Sonderlich offensiv geht er mit seinem Parteibuch eh nicht um. »Ich habe erkannt, dass man als Unternehmer zurückhaltend sein muss, ich kann nicht Parteipolitik treiben, wenn Mitarbeitende oder Kunden andere Positionen vertreten«, sagt Ortwin Goldbeck. »Ich habe deshalb immer versucht, neutral aufzutreten in der Firma, ohne Hehl aus meinem CDU-Parteibuch zu machen. Parteipolitik hat in Unternehmen nichts zu suchen.«

Seine Positionen sind dennoch klar. Ludwig Erhard und die Vordenker der sozialen Marktwirtschaft sind die Größen, an denen er sich orientiert, gerne zitiert er Wilhelm Röpke, einen jener Säulenheiligen: »Das Maß der Wirtschaft ist der Mensch, das Maß des Menschen ist sein Verhältnis zu Gott.«

Aus diesem Geist erklären sich seine Tiraden gegen die Auswüchse des Finanzkapitalismus, gegen »Gehälter und Abfindungen, die nicht mehr erklärbar sind«, gegen das »ungezügelte Verhalten einiger Finanzjongleure und Konzernmanager«, die zur Gefahr für die soziale Marktwirtschaft werden.

So spricht er in der Finanzkrise 2008/2009, als die Politik zum großen Retten antreten muss (sich mancher Regierende auch gerne rufen lasse, um sich die eigene Allmacht bestätigen zu lassen).

Wenn der Staat aber Banken rauspaukt, Verluste damit sozialisiert werden, währenddessen die Boni-Banker ihre Millionen raustragen, dann zerstört dies das Zutrauen in die Mechanismen der Marktwirtschaft. Man muss nicht zum Kapitalismuskritiker werden, um diese Art der Rettungspolitik verwerflich zu finden, wie Goldbeck es tut: »Wenn man Banken nicht in die Insolvenz laufen lassen kann, ist ein wichtiges Regulativ unserer Marktwirtschaft außer Kraft gesetzt. Deshalb muss es für die Finanzwirtschaft auch entsprechende Regeln geben, die weltweite Gültigkeit haben.« Sein Fixpunkt in dem Zusammenhang ist Alfred Herrhausen, der legendäre Deutsche-Bank-Chef, der stets die gesellschaftliche Verantwortung der Unternehmer betonte: »Wir müssen sagen, was wir denken! Wir müssen tun, was wir sagen! Und wir müssen sein, was wir tun.«

Oberster Stahlbauer

Früh erkennt Ortwin Goldbeck: Das Unternehmertum eignet sich nicht für Einzelkämpfer. Erfolg erwächst aus dem Zusammenspiel mit anderen, intern mit den Mitarbeitenden wie außerhalb des Unternehmens. Es braucht ein Netzwerk, es braucht Kontakte in alle möglichen Richtungen. Was liegt da näher, als im Branchenverband mitzumischen? Außergewöhnlich, wie schnell sich Goldbeck in diesem Bereich einschaltet.

1970, seine Firma ist gerade mal ein Jahr alt, tritt er dem Stahlbauverband bei, obwohl er dort – im strengen Sinne – noch nichts zu suchen hatte: »Wir waren ein Handwerksbetrieb, eigentlich viel zu klein für den Verband.« Er arbeitet selbst auf den Baustellen mit, so wie er es zuhause in der Schlosserei erlebt hat: Auch der Chef legt selbst Hand an. Im Verband sieht er, dass es anders geht, dass der Chef delegieren muss, sich um andere Dinge zu kümmern hat.

Den Ton in der Branchenvereinigung geben zu der Zeit die großen Konzerne an, Namen wie Thyssen und Krupp (damals noch lange nicht zu einem Gemeinschaftsunternehmen verschmolzen) oder Salzgitter. Die Stahlbausparten jener Großunternehmen dominieren das Geschehen.

Den Jungunternehmer Goldbeck schreckt das nicht, er hat Respekt vor den Großen, ja, aber keine Ehrfurcht: »Die kochen auch nur mit Wasser«, fällt ihm auf. Er beobachtet genau: Was machen die anderen gut? Was kann ich mir abschauen für den eigenen Betrieb? Welche Fehler spare ich mir?

Das Ehrenamt verbindet er zeit seines Lebens aufs Schönste mit dem Eigennutz: »Ich habe Leute getroffen, denen ich nacheifern wollte, aber auch welche, die mir als Warnung dienten: So geht es nicht!«

Im Stahlbauverband ist er von Beginn an rege bei der Sache, meldet sich eifrig zu Wort in den Mitgliederversammlungen, eckt auch mal an, so viel Aktivitäten eines Frischlings sind nicht üblich. Die alten Herren hatten zuvor alles unter sich aufgeteilt; Redezeit, Posten, Einfluss. Goldbeck fällt auf, wird angesprochen, ob er nicht Lust auf mehr hat. Ein Sitz im Fachausschuss Öffentlichkeitsarbeit ist neu zu besetzen, der Zuständige spricht ihn an, ob er das nicht machen wolle.

Goldbeck sagt gerne zu, knüpft so immer mehr Kontakte, 1975 wird er Leiter des Fachausschusses und damit kooptiertes

Mitglied des Vorstands. Zum ersten Mal bekommt er es direkt mit den Großen der Branche zu tun, wenngleich nicht auf Augenhöhe. Das Selbstbewusstsein wächst, als ihm aufgeht: Wir müssen uns nicht verstecken, manches können wir besser als die, obwohl die ein Vielfaches an Mitarbeitenden und Umsatz auf die Waage bringen. »Ich habe da viele Anregungen bekommen, das hat mir für manche Entscheidung geholfen«, sagt Ortwin Goldbeck im Rückblick. Manch erfahrenen Manager nimmt er sich zum Vorbild, etwa eine Führungskraft von Krupp: »Der hatte viele Ideen, setzte die galant um und kam auch menschlich gut rüber. Dem wollte ich nacheifern.«

Andere Dinge im Verband stoßen ihn ab, etwa der Klüngel, die informellen Absprachen unter den Mitgliedern, wenn es um die Vergabe von Aufträgen geht und der Verband sondiert: Wer bietet bei welcher Ausschreibung mit?

Nun weiß jeder: Kartelle sind eine Sünde an der Marktwirtschaft und daher verboten, eine haarige Sache also, wobei die Grenzen fließend sind, wie die vielen Streitfälle bezeugen. Klar ist: Man muss keine Preise absprechen, um sich strafbar zu machen. Dazu genügen laut Gesetz »aufeinander abgestimmte Verhaltensweisen, die eine Verhinderung, Einschränkung oder Verfälschung des Wettbewerbs bezwecken oder bewirken«.

Die Behörden sind dabei äußerst penibel, wie eine Milliardenstrafe der EU-Wettbewerbshüter gegen deutsche Autohersteller aus dem Jahr 2021 zeigt. Allein der Versuch, sich über technische Details ins Vernehmen zu setzen – im konkreten Fall ging es um die Abgasreinigung mittels Harnsäure –, wird schwer geahndet, auch wenn es zu keinerlei Absprachen zwischen den Herstellern kam. Schon der Versuch ist strafbar.

In den 1970er Jahren freilich geht es noch hemdsärmeliger zu, gerade am Bau. Wird ein Projekt ausgeschrieben, verständigen sich die Stahlbauer – auf dem Papier erbitterte Konkurrenten – informell, wer sich darum bemüht und wer die Füße stillhält, damit sie gar nicht erst in Versuchung geraten, sich gegenseitig zu unterbieten. Wie immer auf solch abschüssigem Terrain, ist damit Willkür und Schummelei der Weg bereitet. Es gibt immer einen, der sich für noch gewiefter hält. Goldbeck ist das Ganze jedenfalls nicht geheuer, er weist seine Leute an: »Wir melden nicht mehr an den Verband, um welche Aufträge wir uns bewerben.« Lieber offen kämpfen, als sich im Halbdunkel dem Wohlwollen anderer auszuliefern, beschließt Ortwin Goldbeck. »Damit haben wir uns Respekt verschafft, nachdem wir verkündet haben: Wir treten aus aus diesem Club.« Der Klüngel währt auch nicht mehr lange, der anrüchige Club löst sich auf.

Mitte der 1980er Jahre dann wird Ortwin Goldbeck angesprochen, ob er nicht Präsident der Stahlbauer werden wolle. Man brauche Ersatz, die satzungsgemäße Amtszeit des amtierenden Präsidenten endete, bis zur Vollversammlung muss ein neuer Kandidat gefunden werden.

Goldbeck fühlt sich geehrt und sagt nach einigem Hin und Her trotzdem ab: »Unser Betrieb war in einer Umbruchphase, es war eine wirtschaftlich schwierige Zeit.« Das Abenteuer in Libyen, in einem vorhergehenden Kapitel geschildert, ist noch nicht verdaut. Er fühlt sich zuhause zu stark gefordert, als dass er sich noch tiefer in die Verbandsarbeit stürzen könnte.

Vier Jahre, eine Amtszeit später, im deutschen Wendejahr 1989 kommen die Verbandsoberen noch mal auf ihn zu, ob er jetzt nicht vielleicht doch als Präsident antreten wolle. Wieder fühlt er sich geehrt, wieder wägt er das Für und Wider ab, wieder geht das vertraute Trio – Goldbeck, Knufinke, Pohlmann – in den Wald, um sich auf einem ausgedehnten Spaziergang zu beraten. »Kann ich das machen oder vernachlässige ich die Firma dann?«, will Goldbeck von seinen Getreuen wissen. »Das kannst du machen«, lautet dieses Mal deren Antwort.

Also sagt er zu, lässt sich zum Präsidenten des Stahlbauverbandes wählen. Eine spannendere Amtszeit hätte er nicht erwischen können. Deutschland schreibt Weltgeschichte, die Wiedervereinigung erlebt Goldbeck als Verbandschef hautnah, seine Aufgabe ist es nicht zuletzt, die Stahlbauer Ost und West zusammenzuführen.

Die ganze Branche steckt damals im Umbruch, in den 1980er Jahren, vor dem Zusammenbruch, hatten die großen Spieler, die Krupps und Konsorten, die DDR als verlängerte Werkbank für sich genutzt. Ein Fehler, wie Goldbeck damals schon meinte: »Das geht auf Dauer nicht gut, da geht Ingenieurs-Know-how verloren, das produktionsnahe Wissen wandert mit ab in die Fabriken im Osten.« Deshalb äußert er seine Mahnung: Ihr müsst die Produktion hier lassen, ihr müsst hier eine Basis haben, sonst verschwindet der ganze Stahlbau.

Der Marsch in die DDR eröffnet den Unternehmen die Möglichkeit, von billigen Löhnen zu profitieren. Wenn auch durch den eisernen Vorhang getrennt, hilft die räumliche Nähe: Die Stahlbauer können die Teile schnell und ohne größeren Aufwand dorthin transportieren, anders als etwa nach China oder Bangladesch, wohin andere Branchen ihre Fabriken verlagert haben.

Gleichwohl setzt sich Goldbeck als frisch gekürter Stahlbaupräsident, noch kurz vor der Wende, das Ziel, die Produktion in Westdeutschland zu halten.

Mit der Grenzöffnung ändert sich die Lage schlagartig: Nun gilt es, die Branche, bisher getrennt in Ost und West, zusammenzuführen, als Präsident des Verbandes nimmt er gleich Kontakt auf zu den Stahlbauern in der untergehenden DDR.

Unbelehrbare Funktionäre lernt er dort kennen, Frustrierte, die nach dem Zusammenbruch des Systems dem Ruhestand entgegenarbeiten, aber auch bewährte Pragmatiker, die die Chancen der neuen Zeit am Schopfe packen wollen.

Die Zahl der Verbandsmitglieder verdoppelt sich durch die Zusammenführung auf einen Schlag, Goldbecks Ansprechpartner sind die Verantwortlichen im Stahlbaukombinat in Leipzig. Die entsprechenden Verträge zur deutschen Einheit im Stahlbau unterzeichnet Goldbeck infolgedessen in der ostdeutschen Messestadt, in seiner offiziellen Funktion als Verbandspräsident.

Zur Feier dieses Anlasses laden die Vertreter aus dem Osten die BRD-Delegation abends in ein besseres Lokal in Leipzig ein, man trifft sich in paritätisch besetzter Runde: vier Stahlbauer aus dem Westen, vier aus dem Osten. Nur das Personal in dem Restaurant spielt zunächst nicht mit. Wir haben keine Plätze frei, heißt es bei der Ankunft, dabei ist ein Tisch für acht Personen reserviert. Die Lösung findet sich, wie in Zeiten des real existierenden Sozialismus, auf herb kapitalistische Art und Weise: Ein erfahrener Ost-Handelsreisender zückt einen 50-D-Mark-Schein, und der Weg ist frei. Dass sie zusammen

hier sitzen, in einem demnächst wieder vereinigten Heimat-
land, hätte niemand von ihnen geglaubt, geschweige denn pro-
phezeit.

Gewiss, es war offensichtlich, dass es im Osten bröselt, dass
die ökonomische Situation sich verschärft und damit auch der
politische Druck zunimmt. In Moskau hatte Michail Gorbatschow darauf mit Reformen – Stichwort Glasnost und Peres-
troika – geantwortet, die Gerontokraten an der DDR-Spitze
verloren dadurch die brüderliche Schutzmacht, trotzdem hat
so gut wie niemand auf einen baldigen Kollaps des herunterge-
wirtschafteten, nur notdürftig mit staatlichem Zwang zusam-
mengehaltenen Systems gewettet. Das hat niemand erwartet,
erst recht hat niemand damit geplant.

Ortwin Goldbeck erinnert sich noch lebhaft an einen Auftritt von CDU-Mann Rainer Barzel in Bielefeld im Spätsom-
mer 1989, als der in seiner Rede die aufsehenerregende Prog-
nose wagt, dass es noch vor der Jahrtausendwende einen
Anschluss der DDR an den Westen geben würde. »Acht Wochen später war es so weit«, sagt Goldbeck, »das hat damals niemand geahnt.«

Verein Gildenhaus

Ortwin Goldbeck, der vielbeschäftigte Feierabendfunktionär, ist
stolz darauf, dass er sich nie in Ämter drängte. Immer wurde er
gefragt, ehrenamtlich tätig zu werden. So auch beim Verein Gildenhaus, der ihn 1994 anspricht, dort Vorsitzender zu werden.
Dahinter verbirgt sich ein sehr spezieller Club, eine Bielefelder

Besonderheit mit der Tradition von 100 Jahren, entstanden in den Wirren nach dem Ersten Weltkrieg. »100 Jahre Gildenhaus – 100 Jahre für die Markwirtschaft: frei – sozial – ökologisch«, so umschrieben sie die Jubiläumsfeierlichkeiten, die im Jahr 2020 unter den Coronarestriktionen vonstattengehen mussten. Altbundespräsident Joachim Gauck, geladen als Festredner, musste daher passen.

1920 hatten sich 26 Unternehmer aus der Region zusammengeschlossen, um ihre Anliegen, ihre Themen in der Gesellschaft im Gespräch zu halten (heute sind es mehr als 100 Mitglieder).

1936 haben die Nazis den Verein aufgelöst, die Gleichschaltung kannte keine Gnade. Nach dem Zweiten Weltkrieg ließen Unternehmer die Idee wieder aufleben, holten zwei, drei Mal im Jahr namhafte Leute zu Vorträgen nach Bielefeld, die Zivilgesellschaft dürstete danach nach den Jahren der geistigen Finsternis im NS-Regime. Entsprechend begehrt waren die Einladungen, und da nicht jeder hingehen konnte, umwehte die Veranstaltungen ein leicht elitärer Hauch.

In den 1960er Jahren öffnete sich der Verein, das Angebot ging mehr in die Breite, etwa durch Fortbildungsveranstaltungen für jüngere Leute, die sich in Richtung Leistungsträger entwickeln wollten. Die Tradition des Spargelessens behielt man bei, ein Treffen der regionalen Prominenz, zu dem bewusst alle tragenden gesellschaftlichen Schichten geladen wurden; Ärzte, Juristen, Schulleiter, natürlich auch Unternehmer. »Sehr honorig«, sagt Ortwin Goldbeck, der schon Anfang der 1970er Jahre, dem Status als Handwerksbetrieb noch nicht entwachsen, als Mitglied angefragt wurde. Der Beitritt hat sich gelohnt,

urteilt er, »man erfuhr Dinge, die man allgemein nicht so mit-
kriegt«.

Prägende Gestalt jener Jahre ist Ernst-August Delius, Schatz-
meister der CDU, der drei Jahrzehnte dem Gildenhaus vorsteht,
eine noble Aufgabe für den Nachfahren von Bielefelds ältester
Unternehmerfamilie. Die Delius-Weberei ist die älteste Firma in
Bielefeld, die auf den Leinenhandel Delius & Sohn zurückgeht,
den Johann Casper Delius 1722 an der Siekerstraße in Bielefeld
begann und der unter Ernst August Delius und dessen Söhnen
Gustav und Gottfried als E.A. Delius & Söhne schließlich zur
bedeutendsten Leinenhandlung Bielefelds gedieh. Eine wech-
selvolle Geschichte über die Jahrhunderte, alles lange her – der
Name zählt etwas in Bielefeld bis zum heutigen Tage. Dies erklärt den Stolz von Ortwin Goldbeck, als er für die Nachfolge
für Delius vorgeschlagen wurde: »Ich fühlte mich geehrt, deswegen habe ich mich breitschlagen lassen.«

Der erste, nicht gänzlich unumstrittene Akzent, den der
Stahlbauer im Verein Gildenhaus setzt, ist eine Änderung der
Statuen: Die Amtszeit des Präsidenten wird auf maximal neun
Jahre beschränkt, einmal gewählt, darf er nur zweimal wieder-
gewählt werden.

Dies ist eine Lehre daraus, dass 30 Jahre mit ein und dersel-
ben Person an der Spitze jede Organisation Gefahr läuft, zu ver-
knöchern. Unter Goldbeck verjüngt sich die Führung, die bislang tonangebenden Herren ziehen sich, teils leise schmollend,
aufs Altenteil zurück. Reformer Goldbeck ordnet den Seminar-
bereich neu, nachdem über die angebotenen Computerkurse
die Zeit hinweggegangen war und sich die Schulden anhäuf-
ten. Das traditionelle Spargelessen bleibt natürlich, da es keine

geeignete Lokation dafür gibt, stellt der Vorstandsvorsitzende seine Unternehmenszentrale dafür zur Verfügung.

Als er abtritt, wird er zum Ehrenvorsitzenden ernannt, der Verein ist zu dem Zeitpunkt stark zurechtgeschnitten, der Bereich der Weiterbildung ist abgetrennt. Dies bietet der Verein Gildenhaus heute nicht mehr an, dafür gibt es neue Formate, etwa ein Sommercamp für junge Leute. Außerdem feiern sie einmal im Jahr, im Konzert mit allen Unternehmervereinen (davon gibt es ein Dutzend in der Region), einen »Unternehmertag« mit hochkarätigen Rednern. Kein Bundeskanzler mag es sich leisten, sich dort nicht die Ehre zu geben. Das färbt auf die Gastgeber ab. »Über Gildenhaus hatte ich ein Entree in Bereiche, in die ich vorher nur schwer reingekommen wäre«, sagt Ortwin Goldbeck. Über diese Schiene ergeben sich Kontakte. Und die schaden nie.

Universitätsgesellschaft

Wie gut, wenn sich eins ins andere fügt. So läuft die Präsidentschaft Goldbecks im Verein Gildenhaus gerade turnusgemäß aus (er selbst hatte ja die Beschränkung auf drei Amtszeiten durchgesetzt), da lockt der Vorsitz in der Universitätsgesellschaft Bielefeld, abgekürzt UGBi, dem Verein der Freunde und Förderer der Universität Bielefeld, gegründet noch bevor die Uni selbst gegründet wurde, maßgeblich vorangetrieben von der Familie Oetker mit dem Ziel, »Brücken zu bauen zwischen der Universität und der Bevölkerung und die Verbindungen zwischen Universität und Wirtschaft zu stärken«.

Tatsächlich reichen die Wurzeln zurück bis ins Jahr 1964, mit den ersten Andeutungen des damaligen nordrhein-westfälischen Ministerpräsidenten Meyers, eine »weitere Universität im ostwestfälisch-lippischen Raum« zu gründen. Sofort rührte sich in Bielefeld das Bürgertum, um eine Universitätsgesellschaft ins Leben zu rufen. 1965 wurde diese Idee in die Tat umgesetzt, und erst im November 1969 nahm dann die Hochschule ihren Betrieb auf, nachdem Bielefeld zuvor konkurrierende Städte wie Herford, Paderborn oder Soest als Standort aus dem Rennen zu schlagen hatte. Konzipiert hatte die »Reformuniversität« der Münsteraner Bildungssoziologe Helmut Schelsky (1912–1984), der zu Zeiten des Wirtschaftswunders den Begriff der »Nivellierten Mittelstandsgesellschaft« für die Sozialstruktur der jungen Bundesrepublik geprägt hat. Erster Professor wird der Soziologe Niklas Luhmann (1927–1998), mit seiner Systemtheorie längst ein Klassiker der Soziologie im 20. Jahrhundert.

Die Zahl der Mitglieder der Universitätsgesellschaft wuchs rasch, von 100 auf 600 unter dem Vorsitzenden Gerhard Seidensticker, den Goldbeck beerben sollte. Zwölf Jahre führt der Stahlbauer anschließend als Vorsitzender des Vorstandes den Verein, vom Jahr 2000 an bis 2012.

Er sagt damals zu, obgleich es ihm an Arbeit im eigenen Betrieb nicht mangelt, mit der Absicht, beim täglichen operativen Geschäft nicht in Konkurrenz zu den Hauptamtlichen zu treten: »Darauf habe ich immer Wert gelegt in meinen Ehrenämtern: Die Tagesarbeit muss von der Geschäftsführung gemacht werden, da dränge ich mich nicht rein.« Schon deswegen sucht er ein gutes Verhältnis zu den Führungskräften der jeweiligen Institutionen, im Fall der Universitätsgesellschaft klappt das hervorragend: »Der Geschäftsführer dort war der pensionierte Sparkassendirektor Prof. Dr. Helmut Steiner, der mit vorbildlichem Fleiß die ganze Arbeit gemacht hat, ehrenamtlich und das in einer tollen Art. Das hat Spaß gemacht.«

Der Geschäftsführer verrichtet das Tagwerk, hat alle Widrigkeiten im Blick, entwickelt Projekte, Goldbeck als Vorsitzender vertritt sie nach außen: »Ich habe seine Ideen ganz gut verkaufen können«, kokettiert er, heilfroh, dass die Zusammenarbeit so einträchtig lief – das hatte er in seinen Ehrenämtern auch schon anders erlebt.

Besonders extrem in frühen Jahren bei den Stahlbauern, als er mit einem sehr dominanten Funktionär zu tun hatte, der sich nicht scheute, den – in seinen Augen unerfahrenen, wenn nicht untauglichen – Präsidenten herablassend zu behandeln, sich darüber hinaus reihenweise mit den Menschen in seinem Umfeld zerstritten hat, inklusive seines designierten Nachfolgers, den er noch vor der Stabübergabe weggebissen hat. »Dieser Geschäftsführer war ein regelrechter Streithansel, der sich jeden Morgen, wenn er ins Büro kam, offenbar vorgenommen hat: Wen können wir heute ärgern?« Als es Goldbeck zu bunt wird, weigert er sich mehrfach, Briefe des Verbandsfunktionärs zu unterschreiben, »weil sie beleidigend waren«.

Solche Probleme können das Ehrenamt verleiden, zum Glück bleiben sie die Ausnahme. In der Universitätsgesellschaft gestaltet sich das Miteinander sehr viel harmonischer, wenngleich Goldbeck mit seinen Ideen aneckt.

Mit seiner vorsichtig geäußerten Anregung, bei den ausgezeichneten Doktorarbeiten ein wenig auf die praktische Anwendbarkeit zu schauen, holt Goldbeck sich eine blutige Nase. So läuft das nicht in der Wissenschaft, wird ihm beschieden. Die potenziellen Preisträger seien ausschließlich unter wissenschaftlichen Kriterien zu bewerten.

Goldbeck lässt sich nicht beirren in seinem Streben, die – anfangs stark linkslastig-abgeschottete – Universität stärker in der Stadt zu verankern: »Die Bürger in Bielefeld hatten anfangs keine richtige Beziehung zu der Universität entwickelt, ich wollte die Wissenschaft zusammenbringen mit der Wirtschaft.«

Ihn als Ingenieur und Unternehmer hat der Kontakt seit jeher inspiriert, als Unternehmer ist ihm die Pflege der Kontakte zu den Hochschulen ein Anliegen, schon zur Rekrutierung des akademischen Nachwuchses für die Firma: »Das ist ein gutes Feld, um junge Leute auf uns aufmerksam zu machen.« Sie haben in der Firma daher Beaufrage für alle Unis, wo Bauingenieure ausgebildet werden.

Aus dem Ehrenamt der Universitätsgesellschaft zieht Ortwin Goldbeck sich schließlich zurück, als der Geschäftsführer Prof. Dr. Helmut Steiner, inzwischen 84 Jahre alt, sein Amt aus Altersgründen aufgibt und er inzwischen die Präsidentschaft der Industrie- und Handelskammer Ostwestfalen angenommen hat. Die Berührungsängste zur Wissenschaft samt den Professoren hatten sich da längst verflüchtigt, nachdem in ihm in den ersten Jahren als Unternehmer bisweilen die Tatsache nagte, als »ing grad« abgegangen zu sein, ohne das Studium an einer Technischen Hochschule, wie er es einst erwogen, dann aber darauf verzichtet hatte, um die Familie daheim im Betrieb nicht im Stich zu lassen.

Auch wenn Ortwin Goldbeck es nicht offen ausspricht: Der Respekt vor den Hochschullehrern, die Hochachtung vor den Professoren, die ihn lange innerlich strammstehen ließ, rührt wohl auch aus diesem Teil seiner Biografie. Dieses Gefühl hat er spätestens als Vorsitzender der Universitätsgesellschaft abgelegt. »Ich habe keine Komplexe gegenüber so hoch studierten Leuten«, sagt er. Auch diesen Nutzen hat ein Ehrenamt. So verlieren sich Berührungsängste. Bei seiner Verabschiedung wird Goldbeck zum Ehrenvorsitzenden ernannt, später verleiht ihm die Universität die Ehrenbürgerschaft.

Bethel

Es beginnt im Jahr 1867 in einem kleinen, umgebauten Bauernhof nahe der Bielefelder Innenstadt, der 14-jährige Adolf Strate aus Dortmund betritt dort mit zwei etwa gleichaltrigen Jungen die »Rheinisch-Westfälische Anstalt für Epileptische«. Die Geschichtsschreibung Bethels, heute eine der größten diakonischen Einrichtungen Deutschlands, führt jenen Adolf Strate als sogenannten Erstling, als den ersten »Pflegling« der heutigen v. Bodelschwinghschen Stiftungen Bethel. Der Junge hatte wahrscheinlich seit frühester Kindheit epileptische Anfälle, seine Mutter starb früh, er wurde zum Betteln auf die Straße geschickt.

Aus diesen Anfängen entwickelt sich Bethel zum Inbegriff von Sozialarbeit in Deutschland. Dafür stehen an die 300 Standorte in acht Bundesländern und rund 20 000 Mitarbeitende, die Jahr für Jahr rund 230 000 Menschen betreuen und fördern, sie beraten oder behandeln. Jeder Kanzler, jede Kanzlerin gibt sich hier die Ehre, wenigstens einmal in der jeweiligen Amtszeit.

Pate standen zu Beginn Unternehmer aus Bielefeld, die Verbindung zur Kirche kam später. Hermann und Albrecht Delius sowie Gottfried Bansi, Geschäftsleute der Stadt, nennt die offizielle Historie als maßgebliche Unterstützer, Personen, »durch eine tiefe Frömmigkeit geprägt« und beeinflusst in ihrem Handeln durch die Minden-Ravensberger Erweckungsbewegung.

Diese Bindung zur Wirtschaft hält sich bis heute, traditionell übernimmt deshalb ein Unternehmer den Vorstandsvorsitz im Verwaltungsrat der Stiftung. Was lag da näher, als auf die Person Ortwin Goldbeck zu kommen? Auf den christlich geprägten Stahlbauer, von Kindesbeinen an dem kirchlichen Milieu verbunden? In den 1990er Jahren wird er angesprochen, er muss nicht lange überredet werden: »Diese andere Welt reizte mich: ein Wirtschaftsunternehmen mit 20 000 Mitarbeitenden, das gleichzeitig Non-Profit-Organisation ist. Es soll keine Gewinne machen, muss aber vernünftig wirtschaften.« Damit umschreibt er die intellektuelle Herausforderung: Wie bringe ich christliche Ethik und Wirtschaften zusammen?

Groß gemacht hat Bethel der 1872 berufene zweite Anstaltsleiter: Friedrich von Bodelschwingh (1831–1910), der dem Pflege- und Betreuungshaus den hebräischen Namen Bethel (Haus Gottes) gibt, es zur größten Einrichtung der Inneren Mission ausbaut – und nach dem die Stiftung später benannt wird. Bodelschwingh stammt ursprünglich aus einer westfälischen Adelsfamilie, sein Vater war von 1842 bis 1848 preußischer Minister, der Sohn wird in der Zeit zum Spielgefährten des späteren Kaisers Friedrich III. ausgewählt.

Nach der Schule macht Friedrich von Bodelschwingh zunächst eine Lehre in der Landwirtschaft, das befähigt ihn zum Verwalter eines Gutes in Pommern, ehe er sich für das Studium der Theologie begeistert. Nach dem Abschluss geht Bodelschwingh zunächst als Hilfsprediger nach Paris, kümmert sich einige Jahre um die dort arbeitenden deutschen Einwanderer, Gassenkehrer und Lumpensammler, allesamt wenig aufgeschlossen, sich mit dem christlichen Glauben zu befassen, wie Bodelschwingh leidvoll erfährt.

Daraus erwächst die Motivation für sein soziales Engagement: »Um reif zu werden für die himmlische Heimat und Heimweh nach dem Vaterhause droben zu haben, ist es nötig, dass man zunächst einmal ein irdisches Vaterhaus liebgewonnen hat«, sagt er auf dem Kongress der Inneren Mission im Jahr 1888 in Kassel. In der Zeit hat er – von Bielefeld aus beginnend – seine Einrichtungen geschaffen. Menschen mit Epilepsie, Behinderte, Obdachlose, Kranke, dazu verwaiste Kinder und Jugendliche – sie alle finden dort Unterschlupf.

»Der Grundgedanke dabei war«, so vermeldet es die offizielle kirchliche Geschichtsschreibung, »dass die Menschen neuen Halt in der Gemeinschaft Bethels finden und in der für alle verpflichtenden Teilnahme am religiösen Leben eine Stärkung ihres Glaubens erfahren«. Betreut wurden sie anfangs von Diakonissen, die waren zur Ehelosigkeit verpflichtet, bekamen kein Gehalt, nur ein Taschengeld sowie freie Kost und Logis. Schnell kamen Diakone dazu, sie gründeten 1877 in Bethel eine eigene Bruderschaft.

Die »Kolonien«, wie Bodelschwingh die kleinen Ortschaften nannte, zeichneten sich durch ihre Unabhängigkeit und Abgeschiedenheit von der übrigen Gesellschaft aus, hier spielte sich das gesamte Leben der Bewohner ab. Man existierte autark, versorgte sich selbst. Als Friedrich von Bodelschwingh 1910 stirbt, hinterlässt er eine Anstalt mit rund 70 Pflegehäusern, die Platz bieten für 3500 Bewohner, am Standort Bielefeld war so eine regelrechte Stadt in der Stadt gewachsen.

Die Leitung übernimmt sein Sohn, das jüngste von acht Kindern: Friedrich von Bodelschwingh II., genannt »Pastor Fritz«, ein ausgebildeter Pfarrer, der zunächst mit den Nazis sympathisiert, »in größeren Teilen der konservativ geprägten Mitarbeiterschaft Bethels herrschte zu dieser Zeit sogar eine regelrechte Begeisterung für die nationalsozialistische Politik«, räumt die Kirche ein. Sogar Maßnahmen, wie sie die Nazis unter dem Begriff »Rassenhygiene« propagierten, wurden durchgeführt; etwa die Zwangssterilisierung an behinderten Menschen.

Alles kein Ruhmesblatt für Bethel, wie Ortwin Goldbeck kritisch anmerkt: »Von der Kirche erwartet man anderes.« Widerstand gegen die Nazi-Politik regt sich ab 1939, als Hitlers Schergen mit ihrem »Euthanasie«-Programm Tausende behinderte Menschen gezielt als »lebensunwert« aussortieren und töten wollten. Dagegen widersetzen sich die Verantwortlichen der Einrichtung, Fritz von Bodelschwingh gelingt es, den drohenden Abtransport in den sicheren Tod so lange zu verzögern, bis die sogenannte Aktion T4, basierend auf einem Geheimerlass von Adolf Hitler, offiziell gestoppt wird. »Bodelschwingh war so eine Respektsperson, dass die Nazis sich nicht an ihn rangewagt haben«, erzählt Goldbeck.

Sieben Jahre, von 2002 bis 2009, steht er dem Verwaltungs-rat vor, die hierarchischen Strukturen Bethels waren da längst geschleift, die strenge Moral zugunsten der persönlichen Frei-heit gewichen. Seit den 1960er Jahren waren dort auch immer mehr weltliche Mitarbeitende beschäftigt, der christliche Geist aber blieb – dieses Spannungsverhältnis war es ja, was Gold-beck an der Aufgabe reizte.

Kalkuliert hat er mit vier Sitzungen im Jahr, das war der Standard, es wurden dann mehr. »Aber es ist nicht weit von hier in die Firmenzentrale, das geht«, sagt Goldbeck. Und vor allem: »Die Zeit in Bethel war sehr wertvoll für mich und meine per-sönliche Entwicklung, die Erlebnisse dort, die Personen, denen ich hier begegnete, dieses andere Umfeld hat mein Denken und damit mein Handeln geprägt.«

Die Vision Bethels fußt im Vertrauen auf Gottes Hilfe und seinen Segen, damit am »Hause Gottes« mit Freude und Zu-versicht gebaut wird: »Da wachte Jakob auf und sagte zu sich: wahrhaftig, Gott ist an diesem Ort, und ich wusste es nicht. Das ist heiliges Land. Hier ist Gott zu Hause. Hier ist die Pforte zum Himmel. Am nächsten Morgen richtete Jakob an dieser Stätte einen Stein zum Gedächtnis auf und nannte den Ort Bethel.« (1. Mose 28, 16-19)

IHK-Präsident

Nicht jeder Schritt einer Karriere ist planbar, manchmal, im bes-ten Fall, kommt das Amt zum Manne. So hat es sich im Fall der IHK-Präsidentschaft von Ortwin Goldbeck zugetragen. Er hat sich dort engagiert, klar, als Bielefelder Vorzeigeunternehmer, aber nicht nach höheren Weihen gestrebt, war nicht mal Mitglied des Präsidiums.

2006, im Jahr des deutschen Sommermärchens, der Heim-Weltmeisterschaft der Fußballer, ändert sich die Situation: Der damalige Präsident der Industrie- und Handelskammer hat Probleme mit seiner Firma, was sich naturgemäß schlecht macht für jemanden, der die Fahne des Unternehmertums hochhalten soll, der als Vorbild für junge Gründer wie als Verbindungsmann in die Politik herhalten soll.

Als sich die wirtschaftliche Misere des Amtsinhabers herumspricht, entscheidet sich der nach Abstimmung mit dem Präsidium, nicht noch einmal für das Amt zu kandidieren. Als sich die Wahl nähert, muss auf die Schnelle ein neuer Präsidentenkandidat her, was insofern ungewöhnlich ist, als solche Personalwechsel in der Regel von langer Hand vorbereitet werden.

Eine Abordnung der maßgeblichen IHK-Leute sucht daher Ortwin Goldbeck auf und trägt ihm die Kandidatur an. Der fühlt sich naturgemäß geschmeichelt, verweist zunächst aber auf vermeintlich geeignetere Unternehmer, bringt etliche Namen ins Spiel: Der käme doch infrage, oder der oder der …

Am Ende landet das Amt doch bei ihm selbst. Der eine potenzielle Kandidat will nicht, der andere ist zu jung. Ortwin Goldbeck steckt in der Zwickmühle. »Ich habe das dann hier im Unternehmen und in der Familie besprochen«, sagt er. Wie immer vor einschneidenden Entscheidungen sucht er den Austausch mit seinen Vertrauten, früher waren dies seine Mitgesellschafter Pohlmann und Knufinke, jetzt sind es seine drei Söhne, die inzwischen Gesellschafter und Geschäftsführer sind. Das einhellige

Ergebnis ist: Er kann sich das Ehrenamt zumuten; nicht zuletzt, weil er für sich schon den Abschiedstermin aus dem aktiven Dienst festgelegt hatte. Zum 1. April 2007 will er die Geschäftsführung verlassen, was ihm neue Spielräume eröffnet. »Deshalb konnte ich mich auf die IHK-Präsidentschaft einlassen.«

Die offizielle Wahl ist dann nur noch eine Formsache. Goldbeck ist schließlich kein Unbekannter im gesellschaftlichen Leben Bielefelds, seit Jahren vernetzt über den Rotary-Club und diverse andere Kreise. Das Amt ist ihm eine Ehre, er ist nun an der Spitze der altehrwürdigen Unternehmerschaft angekommen, er, der Handwerksjunge aus der kleinen Schlosserei. Das war nicht zwingend vorherzusehen.

Der Einstieg fällt ihm leicht, ja entschädigt ihn auch für den Abschied aus dem eigenen Unternehmen, was nicht ohne Schmerzen abging, das gibt er offen zu. Plötzlich nicht mehr gefragt zu sein, von den Zuschauerrängen das Geschehen in der eigenen Firma zu erleben, das fällt dem Patriarchen zunächst nicht leicht.

Mit umso mehr Elan stürzt er sich ins Präsidentenamt, macht Sommerreisen durch die IHK-Unternehmen, immer auf Werbetour, damit die Firmen Lehrstellen anbieten, um so der Jugend eine Chance zu geben. Eine seiner nobelsten Aufgaben als IHK-Präsident, da Ausbildungsplätze rar sind in jenen Zeiten.

Mehr als 100 Unternehmen besucht er in seiner Amtszeit, »das war spannend, richtig gut«, schwärmt er noch heute: »Ich habe die Hidden Champions der Region kennen gelernt, immer wieder neue Leute getroffen.« Und wenn der IHK-Präsident sich anmeldet, empfängt ihn nicht irgendein Subalterner, sondern der Geschäftsführer. Das Amt ist hochgeachtet.

Zwei Schwerpunkte hat Goldbeck sich für seine Präsident-schaft gegeben: Wie schaffen wir es, in der Region einheitlich aufzutreten?, so lautete der erste Punkt. Nicht jeder Sprengel für sich; Paderborn, Gütersloh, Herford, Minden, und wie die Heimatstädte weltbekannter Unternehmer alle heißen. Die regionalen Egoismen galt es aus Sicht Goldbecks abzubauen, um gemeinsam gegenüber der Landesregierung in Düsseldorf aufzutreten.

Sein zweites Anliegen war es, Wissenschaft und Wirtschaft enger zusammenzuführen. Das Potenzial der vielen Weltmarkt-führer müssten die Universitäten sich zunutze machen, war seine Idee: »Wir müssen einen Lehrstuhl für Familienunterneh-men einrichten«, schlägt er vor, den Dekan der Wirtschaftswis-senschaften kannte er schon vorher, zusammen sprechen sie den Rektor der Universität an. Der ist sofort Feuer und Flamme.

An Goldbeck als IHK-Präsident liegt es nun, die nötigen fi-nanziellen Mittel zu beschaffen. »Ich bin von Firma zu Firma gegangen, um den Lehrstuhl für zehn Jahre zu finanzieren.« Ein Jahresbudget von 300 000 Euro braucht es dazu, so viel wirbt Ortwin Goldbeck schließlich ein. Jede Firma sagt 25 000 Euro pro Jahr zu, um den Lehrstuhl zu stiften, der sodann ausge-schrieben und besetzt wird. »Bielefeld wurde so zur ersten und einzigen staatlichen Universität mit einem Lehrstuhl für Fami-lienunternehmen, da bin ich stolz drauf«, sagt Ortwin Gold-beck, »das war für mich ein schöner Erfolg«.

Erste Inhaberin der Stelle wird 2015 Christina Hoon, zuvor am Lehrstuhl in Hannover, ausgewählt unter 34 Bewerbern. »Familienunternehmen ticken anders«, sagt die Ökonomin, die selbst aus einer Familie mit langer unternehmerischer Tradition stammt. Ihr Urgroßvater gründete 1864 eine Weberei in der Grafschaft Bentheim, zwei Generationen haben die Nachkommen die Firma weitergeführt, bis ihr Vater sie verkauft hat. »Ich forsche nicht nur theoretisch zum Thema Familienunternehmen, sondern bin eben auch damit aufgewachsen«, sagt Hoon, die den Stiftungslehrstuhl BWL »Führung von Familienunternehmen« innehat. 14 Hauptstifter und zehn Unterstifter haben sich für die Finanzierung zusammengetan; Unternehmer hauptsächlich, dazu die Stiftung Familienunternehmen sowie die Universitätsgesellschaft Bielefeld. Die Eigenheiten der Familienunternehmen bedingen deren Erfolg, bringen aber auch spezielle Herausforderungen – im Gegensatz zu klassischen Kapitalgesellschaften.

Dazu forscht Christina Hoon, wobei ihr besonders an der Ausbildung von Nachwuchskräften liegt: »Jungakademiker gelangen zunehmend in verantwortliche Positionen in mittelständisch geprägten Familienunternehmen. Je besser sie auf die spezielle Unternehmenskultur und die Strukturen vorbereitet sind, desto erfolgreicher werden sie sein. Familienunternehmen haben ihre ganz eigene DNA.« Ihre Stärke sei das langfristige Denken: Keine schnellen Gewinne, dafür aber 100 Prozent Entscheidungsbefugnis, Konstanz und Nachhaltigkeit.

Goldbeck bleibt IHK-Präsident, so lange es die Regularien zulassen, der Abschied gerät überaus feierlich. Der damalige NRW-Wirtschaftsminister Garrelt Duin (SPD) kommt aus Düsseldorf angereist. Auf der Feier wird Goldbeck das Große Verdienstkreuz des Verdienstordens der Bundesrepublik Deutschland verliehen, das Bundesverdienstkreuz 1. Klasse hatte er ja schon, überreicht zum Abschied aus der Firma vom damaligen Ministerpräsidenten Jürgen Rüttgers (CDU). Nun also auch die große Auszeichnung. »Da fühlte ich mich schon stolz«, gibt er zu. Auch wenn er die große Schärpe noch nie getragen hat.

Viel Raum nach oben ist da nicht mehr für gesellschaftliche Ehrungen, zu nennen ist noch die Ehrenbürgerwürde seiner Heimatstadt Bielefeld im Dezember 2019, eine Ehre, »die mich ganz besonders berührt hat«, wie Goldbeck sagt. Dabei ist er geboren und aufgewachsen in selbständigem Orten vor der Stadt, erst 1973 erhält er eine richtige Bielefelder Adresse, in dem Jahr kommt die ehemals selbständige Gemeinde Ummeln über Brackwede zur Stadt Bielefeld.

DER STIFTER
UND SEIN MUSEUM

Der 70. Geburtstag bedeutet für Ortwin Goldbeck den Abschied aus Bethel. Satzungsgemäß muss er im Jahr 2009 aus dem Verwaltungsrat der diakonischen Einrichtung ausscheiden, und der Unternehmer steht vor der Wahl: Was nun, was mache ich jetzt? Da Müßiggang keine Lösung ist, sucht er nach einer neuen Aufgabe – und gründet eine Stiftung mit dem Zweck, Kunst und Kultur, Wissenschaft und Soziales zu unterstützen.

Kuratoriumsvorsitzender wird Ortwin Goldbeck selbst, in den Vorstand darf er nicht, so wenig wie jemand anderes aus der Firma oder der Familie, sonst hätte das Finanzamt die Finanzierung aus der Firma steuerlich nicht anerkannt, und die Stiftungsaufsicht hätte das Vorhaben nicht genehmigt.

Zehn Millionen Euro beträgt anfangs die finanzielle Ausstattung, eine Million steuert Ortwin Goldbeck aus dem Privatvermögen zu. Eines der ersten Projekte führt an die Technische Universität Darmstadt. Dort fördert die Goldbeck Stiftung die Stiftungsprofessur für das Fachgebiet »Entwerfen und Nachhaltiges Bauen«, der Lehrstuhl befasst sich mit der nachhaltigen Gestaltung, Realisierung, Bewirtschaftung und

Nutzung der gebauten Umwelt. »Dabei steht die ökologische und ökonomische Lebenszyklusbetrachtung beim Entwerfen, der Planung, Erstellung und Nutzung von Hochbauen im Vordergrund«, heißt es in der Ankündigung zu dem Projekt.

Außerdem fließt – neben vielem anderen – Geld in den Schulbauernhof Ummeln, den ersten Schulbauernhof Deutschlands. Tiere füttern, Beete bestellen und ernten – hier lernen Schüler den Umgang mit der Natur.

Erlebnisse in der Natur für traumatisierte Kinder und Jugendliche ermöglicht auch die Stiftung von Popstar Peter Maffay, in seinen Tabaluga-Häusern finden Kinder einen Ort für Spiel und Erholung. Goldbeck übernimmt 2017 die komplette Realisierung des vierten Tabaluga-Hauses im oberbayerischen Pfaffenwinkel.

Die Stiftung investiert außerdem in den Studienfonds Ostwestfalen (»wir fördern zehn Studenten«) sowie in das Projekt »Aufwind«, dort werden junge Leute aus bildungsfernen Kreisen mittels Schülerstipendien zum Abitur geführt.

Und dann ist da noch dieses Museum, dass sich der Bauunternehmer Goldbeck nebenbei anlacht, mit Charme und Chuzpe, so wie es seine Art ist. Die an Girlanden reiche Geschichte dazu beginnt am Frühstückstisch der Goldbecks, irgendwann im Jahr 2015. Die Lokalzeitung meldet an jenem Morgen, dass die Villa Weber, das repräsentative Gebäude der Handwerkskammer, 1836 im Stil des Klassizismus errichtet, an einen Arzt verkaufen werden soll, der darin eine Schönheitsklinik eröffnen will. »Das kannst du nicht zulassen«, sagt Hildegard Goldbeck, daran erinnernd, dass der Bau der Kunst gewidmet werden soll.

Die Werke des Malers Hermann Stenner, 1891 in Bielefeld geboren, 1914 in Russland an der Front gefallen, sollten dort eine Heimat finden, so die in der Stadtgesellschaft zirkulierende Idee. Ein Freundeskreis hatte sich gegründet, der den Künstler auf diese Weise zu promovieren gedachte. Der Gedanke reifte schon länger, nun steht die schöne Idee vor dem Scheitern – ohne Villa keine Herberge für die Kunst. Er könne dem Freundeskreis doch mit einer Spende aushelfen, damit der doch noch zu dem Gebäude komme, regt Frau Goldbeck an, worauf der Gatte prompt den Verkäufer anruft, in Person des Geschäftsführers der Handwerkskammer.

Am Nachmittag desselben Tages sollte deren Vollversammlung über den Verkauf der Villa Weber beraten. »Ich finde das nicht gut, dass dort eine Klinik reinkommt, das sollte doch eigentlich ein Kunsthaus für den Bielefelder Maler Hermann Stenner werden«, fällt Goldbeck mit der Tür ins Haus. Er werde sich ebenfalls als Käufer bewerben, kündigt er an, und verstärkt seine Argumentation mit sanftem Druck: Wenn er, im Dienst der Kunst und im Namen des Freundeskreises, genauso viel biete wie der geschäftstüchtige Arzt und trotzdem nicht den Zuschlag bekäme, dann bekämen die Handwerksfunktionäre in der Öffentlichkeit ein Problem. Der Geschäftsführer sieht das sofort ein. Nur drängt die Zeit. Es sind schließlich nur noch ein paar Stunden bis zu der entscheidenden Abstimmung.

Der Umweg über den Freundeskreis scheidet daher als Lösung aus. Goldbeck selbst, als Privatmensch, muss als Interessent auftreten, so wird es verabredet. »Also habe ich gesagt: Ich kaufe das Gebäude«, erzählt der Unternehmer. Sein Gebot gibt er der Handwerkskammer schriftlich, per Mail. Darauf beschließt die Vollversammlung am Nachmittag: »Die Villa Weber wird zum Preis von 2,5 Millionen Euro verkauft.« Nicht mehr. Der Name des Käufers, obschon im Vorfeld vermeintlich geklärt, wird vorsorglich nicht genannt. So wird der Arzt in letzter Sekunde ausgebootet, den Zuschlag bekommt am Ende Goldbeck: »So sind wir da reingerutscht, am Nachmittag hatten wir das Gebäude.«

Die Schönheitsklinik muss woanders hin, das ist damit klar: Nur was genau stellt Bauunternehmer Goldbeck, mit Museen bislang völlig unerfahren, nun mit der Villa an? Als Erstes braucht er den Rückhalt der Familie, er muss seine Kinder überzeugen, dass der spontane Immobilienkauf keine Schnapsidee ist. Schließlich hängt einiges dran an dem Plan, das prägnante Gebäude, seit 1930 im Besitz der Handwerkskammer, der Kunst zu vermachen. Erbaut wurde die Villa 1836 als repräsentatives Wohnhaus vom Kaufmann Karl August Weber. Aus dieser zur Bielefelder Leinentradition gehörigen Familie Weber ging später der bedeutende deutsche Soziologe und Sozialökonom Max Weber (1864–1920) hervor. 1930 kaufte die Handwerkskammer das Gebäude, sie nutzte die Räumlichkeiten über Jahrzehnte als Büros, also muss man gehörig umbauen, mit den 2,5 Millionen Kaufpreis ist es bei weitem nicht getan, das ist allen Beteiligten bewusst. Es braucht Investitionen in Sicherheit, Klimatisierung, Beleuchtung, um nur das Gröbste zu nennen.

Die Söhne sind schnell im Boot. Wenn schon Museum, dann richtig, so ihre Ansage. Weltstar David Chipperfield, der preisgekrönte Architekt, wird über sein Büro in Berlin angefragt. Der deutsche Repräsentant des Briten kommt nach Bielefeld, bringt einen Gedankenentwurf für das Ensemble an der Obernstraße mit, gegen Honorar versteht sich. Sein Vorschlag hätte 30 Millionen Euro gekostet, das schreckt die Goldbecks. »Der Entwurf wäre auch in der Stadt schwer zu vermitteln gewesen«, sagt Stifter Goldbeck im Rückblick.

Also schreibt man einen Architekturwettbewerb aus, 237 Büros bekunden Interesse, 15 werden zugelassen, fünf davon werden gesetzt, zehn ausgelost. Die Jury kürt schließlich das Braunschweiger Architektenpaar Regina und Helmut Dohle zum Sieger, denen ist es wichtig, dass die Villa als Hauptgebäude bleibe, gegenüber dem neu zu errichtenden Anbau, und sich die beiden Bauwerke »gegenseitig respektieren«. Den L-förmigen Grundriss der Villa spiegelt der Sieger für den Neubau, zu dessen hellgelber Front steht die Fassade des Anbaus in absichtsvollem Kontrast mit anthrazitfarbenem Naturstein und weißen Fensterblenden. Stifter Goldbeck lobt die Zeitlosigkeit des Entwurfs, der der Villa ihre Eigenständigkeit lasse: »Auch noch in 50 Jahren muss es heißen: Das passt da gut hin.«

Ortwin Goldbeck Forum wird der offizielle Name dieses Gebäudeensembles am Eingang zu Bielefelds Altstadt, es besteht aus dem Kunstforum Hermann Stenner im historischen Gebäudeteil und der Founders Foundation, eine Start-up-Initiative des Bertelsmann-Konzerns, im neuen Anbau. Die Mieteinnahmen daraus unterstützen den Betrieb des Kunstforums.

Das Miteinander von Kultur und Wirtschaft ist Goldbeck seit jeher ein Anliegen, und dass Kulturangebote einen

»positiven Einfluss auf das Wachstum einer Region haben, gilt als erwiesen«, schrieb das »Manager Magazin« schon vor Jahren, sich auf Studien von Ifo- und Max-Planck-Institut berufend, wonach sich die Gründung von Opernhäusern im Barock noch heute vorteilhaft auf die jeweiligen Regionen auswirkt: »Sie ziehen Hochgebildete an, die wiederum für Leistung sorgen.«

Insofern darf das Geld der Goldbeck Stiftung für das Museum als gut angelegt betrachtet werden. 12 Millionen Euro insgesamt kostet das Projekt. Das reine Bauvorhaben ist aber nur eine Sache, schwieriger noch sind die vielen – für Goldbeck – fachfremden Diskussionen: Wie betreibt man ein Museum? Wie organisiert man das? Wer genau soll der Träger sein, die künstlerische Linie vorgeben?

Sammler reden mit, allen voran Hermann-Josef Bunte, ein Rechtsprofessor mit einer Sammlung von mehr als 1000 Kunstwerken der klassischen Moderne rund um Hermann Stenner, dazu der Freundeskreis Hermann Stenner, ein Club von Enthusiasten ohne tiefere Managementerfahrung, sowie die Kunstfalle Bielefeld, welche die Leitung übernehmen soll. So zumindest ist es gedacht, bis sich die Lager so ineinander verhaken, die Debatten zunehmend giftig werden, dass die Goldbecks das Heft selbst in die Hand nehmen.

Die angedachte Kooperation mit der Kunsthalle zerschlägt sich, es entsteht das Kunstforum Hermann Stenner als eine gemeinnützige GmbH, die das Museum heute betreibt. Alleiniger Gesellschafter ist die Goldbeck Stiftung. Sollen Ausstellungen gezeigt werden, tragen die sich in den seltensten Fällen selbst, finanzielle Hilfe leistet die Stiftung, ein paar Mäzene sind mit von der Partie, Privatleute ebenso wie die örtliche Sparkasse.

Die erste Ausstellung des Kunstforums Hermann Stenner widmet sich – naheliegenderweise – dem Leben und Werk des Namensgebers, sie wird Mitte Januar 2019 eröffnet.

Wer aber ist dieser Hermann Stenner? Diesem herausragenden Bielefelder Künstler sind gerade mal fünf Jahre Schaffenszeit vergönnt, ehe er als Soldat kurz nach Beginn des Ersten Weltkriegs an der Ostfront in Ilów stirbt. Der Maler und Grafiker schuf annähernd 300 Gemälde, weit mehr als 1500 Aquarelle und Zeichnungen auf Papier sind bekannt. »Stenner war ein frischer, heiterer Mensch und Künstler. Seine Kunst war ein großes Aufblühen ohne Hemmung und Unterbrechung. Hermann Stenner wäre einer der besten Maler Deutschlands geworden, wenn nicht der sinnlose, verbrecherische Krieg seine Opfer geholt hätte«, würdigt ihn ein Zeitgenosse, der Stuttgarter Maler und Hochschullehrer Willi Baumeister (1889–1955). Der Kunsthistoriker Hans Hildebrandt (1878–1957), ein Freund des Künstlers, schreibt: »Die Natur gab Stenner als wertvolles Geschenk die Leichtigkeit der Hand, die frühe Beherrschung des Handwerklichen mit auf den Weg.«

Geboren als Sohn eines Bielefelder Malermeisters kopiert Hermann Stenner als Schüler alte Gemälde, er studiert an der Kunstakademie in München, dann an der Königlichen Akademie der bildenden Künste in Stuttgart, dort trifft er auf seinen Lehrmeister Adolf Hölzel, dem er mit Begeisterung folgt, bis er sich im August 1914 als Kriegsfreiwilliger meldet. In den frühen Morgenstunden stirbt er wenig später an der Ostfront bei einem Angriff auf die Stadt Ilów.

Stenners Werk, seine Lehrer, Künstlerkollegen und Zeit-
genossen stehen im Zentrum des Bielefelder Ausstellungs-
hauses, ein besonderer Fokus liegt dabei auf Werken aus dem
Umfeld des Westfälischen Expressionismus und der künst-
lerischen Avantgarde des beginnenden 20. Jahrhunderts in
Süddeutschland.

Der Museumsbau, das Ortwin-Goldbeck-Forum, setzt
dem Künstler ein Denkmal und auch ein bisschen dem Stifter
selbst: Der Name Goldbeck ist damit im Stadtbild Bielefelds
verankert. Das bleibt.

Wie jeder Mäzen wird auch Ortwin Goldbeck, obschon
zurückhaltend im öffentlichen Auftritt, ständig angesprochen,
mit Geld auszuhelfen in Notlagen, weil Menschen krank, be-
hindert oder arbeitslos sind. »Wenn Sie sich darauf einlassen,
sind Sie immer traurig und können doch nicht allen helfen.«
Meist bleibt es daher bei einer freundlichen Absage. So auch
bei einer jungen Frau, die ihn aus dem Blauen heraus, ohne
jede Beziehung zu Familie oder Firma, bestürmt, er möge ihr
doch eine neue Querflöte bezahlen, da sie am Wettbewerb »Jugend musiziert« mitspielen möchte.

Nun fühlt sich der Unternehmer durchaus in der Pflicht,
vom Erfolg des Unternehmens etwas an die Gesellschaft ab-
zugeben. Nur wie? Nach welchen Kriterien und an wen, wenn
es nicht darum geht, willkürlich Almosen zu verteilen? »Es ist
schwer, da die Grenze zu ziehen, wem wir Geld geben und
wem nicht«, sagt Ortwin Goldbeck.

Bildung ist ihm traditionell ein wichtiges Anliegen, so fördert die Stiftung jedes Jahr zehn Stipendiaten über die Stu-
dienstiftung des deutschen Volkes, sieben davon müssen in

MINT-Fächern studieren, so die Bedingungen, drei sind in der Wahl des Studiums frei. Außerdem wählt er gerne Projekte mit Bezug zur Region aus (oder zu den Standorten von Niederlassungen), und schließlich müssen es Dinge sein, »wo ich sagen kann: Dahinter stehe ich.«

FAMILIENSACHEN

»Familiärer Zusammenhalt und unternehmerischer Erfolg gehören für mich zusammen.« Dieser Satz von Ortwin Goldbeck
verdeutlicht die überragende Bedeutung, die er der Familie bei-
misst, mit seiner Ehefrau in der Hauptrolle: »Das Verständnis,
das Vertrauen und die Liebe meiner Frau waren Voraussetzung
für alles«, so sagt er es nicht nur einmal öffentlich, gewandt an
Hildegard Goldbeck, die Ehefrau, die seit mehr als einem halben
Jahrhundert den Weg mit ihm mitgeht: »Du hast mir manches
Mal Mut gemacht und mich immer wieder zum Nachdenken
angeregt.«

Beide stammen sie aus Handwerkerfamilien. Beide wurden
groß in christlich orientierten Elternhäusern. Ein Kitt, der seit
Jahrzehnten hält. Natürlich gibt es auch mal unterschiedliche
Sichtweisen. Nie jedoch zweifeln sie daran, dass sie ihr Leben
lang zusammenhalten. So erzählen sie es beide.

Die Geschichte der Firma Goldbeck ist von Anbeginn an eine
Familiengeschichte; vom Großvater, dem Hufschmied, über die
Schlosserei des Vaters und Onkels bis zum größten Bauunter-
nehmen in Familienhand, für das Ortwin Goldbeck die Weichen
gestellt hat, abseits des elterlichen Betriebs. Schwager Dieter
Pohlmann ist Teil des bereits geschilderten Dreigestirns – neben

Ortwin Goldbeck und Hans-Heinrich Knufinke, und somit maßgeblicher Ratgeber wie Mitgesellschafter. Mit dem Ausscheiden gibt er, wie verabredet, seine Goldbeck-Anteile zurück. Das Unternehmen ist seither wieder in alleiniger Hand der engeren Familie von Ortwin Goldbeck – abgesehen von der Beteiligung der Mitarbeitenden, wie an früherer Stelle geschildert.

Als Hildegard und Ortwin Goldbeck in den 1960er Jahre heiraten, leben sie zunächst auf dem Anwesen der Schmiede, in Quelle, dem Ort, der später erst zu Brackwede eingemeindet wird, dann zu Bielefeld.

»Wir haben uns wohl gefühlt in dem kleinen Häuschen, direkt neben meinem Elternhaus«, sagt Ortwin Goldbeck. Die drei Kinder, alles Söhne, wachsen in beiden Familien auf, »bei der Oma und bei uns«. Die Großeltern haben Gemüse und Erdbeeren, der Opa Kaninchen. Die Kinder fühlen sich wohl auf dieser Scholle, erleben eine behütete, ländlich anmutende Kindheit.

Hildegard Goldbeck wiederum profitiert von der »wunderbaren Schwiegermutter« nebenan, da sie dank ihr im Schuldienst bleiben kann. »Ich wollte immer berufstätig sein«, sagt sie, obwohl dies für Frauen und Mütter in jenen Tagen keineswegs üblich war. Für sie ist es auch deshalb wichtig, weil sie schließlich mit ihrem Gehalt bei den Banken für die Kredite der Firma garantiert.

13 Jahre arbeitet sie als Volksschullehrerin – zuletzt in Teilzeit. Als der dritte Sohn Jan-Hendrik 1976 geboren wird, ist das nicht mehr möglich. »Da habe ich dann aufgehört in der Schule«, sagt sie, »Im Rückblick war das eine gute Entscheidung, so hatte ich die Gelegenheit, beim spannenden Aufstieg der Firma dabei zu sein, konnte meinen Mann zu Reisen in die

Niederlassungen und zu Veranstaltungen begleiten. Als Lehrerin wäre das nicht möglich gewesen.«

Als der Jüngste auf die Welt kommt, wird es eng in dem Häuschen, die Familie sucht deshalb ein Baugrundstück, fündig wird Ortwin Goldbeck in der Nachbarschaft. Die Gemeinde Ummeln hatte dort ein Feuerwehrgerätehaus errichtet, der Gastwirt, der dafür den Baugrund verkauft hat, setzt durch, dass die Kommune im Gegenzug einen Streifen als Baugebiet ausweist. Um dort Wohnhäuser bauen zu dürfen, schließt sich ein Dutzend Familien zusammen, darunter die Goldbecks, gemeinsam tragen sie die Erschließungskosten, weil die Stadt Bielefeld sich zunächst sperrt. 1982 bauen sie, ein Jahr darauf ziehen sie ein, keinen Kilometer von der heutigen Firmenzentrale entfernt; ein ansehnliches Haus, keine überkandidelte Villa, wie die heranwachsenden Kinder sich keineswegs vermögend fühlen. »Es ging sparsam zu«, erzählen die Söhne, »wir haben nichts anderes gemacht als andere Jungs in unserem Alter.«

In jenem Haus wohnen die Eltern noch heute, alle Gedanken, sich zu verändern oder sich ein Ferienhaus an attraktivem Platz als Zweitwohnsitz zu gönnen, wurden schnell verworfen. »Wir brauchen nicht die große Welt, sondern leben wie eine ostwestfälische Handwerkerfamilie«, kokettiert Ortwin Goldbeck. Zwischendurch stand noch zur Debatte, im Alter näher in Richtung des Stadtzentrums von Bielefeld zu ziehen, auch diese Option hat sich erledigt: »Wir bleiben hier wohnen bis zuletzt«, sagt Ortwin Goldbeck, der von hier aus immer noch am schnellsten drüben ist, in der Firma. Das ist es, was ihn fesselt, noch immer.

Der Unternehmer aus Leidenschaft ist kein Typ für den Golfplatz oder die ausgedehnte Kreuzfahrt. Natürlich verbringt die Familie gemeinsame Urlaube, meist in Robinsonclubs, als die drei Kinder noch dabei sind und dort Unterhaltung finden. Später folgen Erlebnisreisen in die USA, nach Kanada, Indien, wo Ortwin Goldbeck einen Studienfreund hat, nach Mexiko, Afrika wie Asien, etwa zu einem Kulturtrip nach Myanmar, nicht zuletzt seiner Frau zuliebe. »Sein Lebenselixier ist etwas anderes«, sagt Hildegard Goldbeck, »seine Leidenschaft liegt in der Technik.« Bis heute streift er manchmal sonntags übers Firmengelände, spaziert durch die Hallen. »Das lässt ihn nicht los«, sagt seine Frau. »Mein Mann hat keine speziellen Hobbys.« Der Vater sei »monofokussiert«, frotzelt einer der Söhne.

Gewiss, Ortwin Goldbeck ist gerne gewandert, mit dem Fahrrad gefahren oder Sonntags morgens um sieben stundenlang mit einer Laufgruppe durch den Teutoburger Wald gejoggt. Er hat über Jahrzehnte mit Freunden Volleyball gespielt, hat die Kontakte zu Nachbarschaft wie Verwandtschaft gepflegt. Das Liebste aber ist ihm sein Beruf.

Der Vater mäht am Wochenende vielleicht den Rasen, ansonsten sitzt er am Schreibtisch und »konstruiert an etwas herum«, wie seine Frau erzählt. »Er hat diese Gabe geschenkt bekommen und lebt das in der ganzen Fülle aus. So wie einer, der immer nur komponieren möchte, das kommt einfach aus ihm heraus.«

Für anderes fehlt im bisweilen der Blick. Haus, Garten, Freizeitgestaltung – das steht nicht weit oben in seiner Prioritätenliste, für die simplen Dinge des Alltags sind andere zuständig.

Ganz gewiss ist Ortwin Goldbeck keiner dieser Helikopterpapas, ein Phänomen späterer Jahrzehnte, das sich dadurch auszeichnet, dass Eltern den Nachwuchs keine Sekunde aus den

Augen lassen, die Kinder überbehüten bis zur Aufgabe von deren Selbständigkeit.

»Ich war schon immer da für unsere Söhne«, sagt der Patriarch, schränkt aber selbst sogleich ein: »Erziehung war die Hauptaufgabe meiner Frau.« Das bestätigen die Söhne ausdrücklich, »ich habe meinen Vater nicht als erziehend wahrgenommen«, sagt einer, »das war der Part meiner Mutter, sie war immer der mäßigende, ausgleichende Faktor.«

Generell folgt die Erziehung der allgemeinen Linie im Hause Goldbeck: Freiheit und Verantwortung, wie stets Vertrauen statt Kontrolle, der zentrale Satz des Unternehmers Goldbeck gilt auch im Umgang mit den drei Söhnen. »Wir waren eher großzügige Eltern«, sagt Ortwin Goldbeck, der es mit den eigenen Kindern so halten wollte wie seine Mutter mit ihm, als die Kinder durch Wald und Wiesen gezogen sind.

Die Söhne danken das Vertrauen, nie haben die Eltern das Gefühl, dass da etwas aus dem Ruder laufen könnte. Ist die Mutter als Lehrerin nicht besonders streng zu den eigenen Kindern? »Eher anspruchsvoll«, antwortet Hildegard Goldbeck, »weil man weiß, was andere Kinder können.« Zum Ehrgeiz habe sie die Söhne schon angehalten, sagt sie, aber streng? »Vielleicht manchmal ungeduldig.«

In der Schule kommen die drei Goldbeck-Jungs gut zurecht. Mag sein, dass sie in der Jugend mal ein Bier zu viel trinken, lässliche Teenagersünden. Kein Grund zur Sorge. Alle drei gehen für ein Jahr nach Amerika in die Schule, die beiden älteren über das Austauschprogramm des Rotary-Clubs (dem der Vater sich stark verbunden fühlt), der Jüngste über Assist, eine gemeinnützige amerikanische Stipendienorganisation.

Geld ist nie wirklich ein Thema am Essenstisch, auch die Probleme in der Firma sucht Ortwin Goldbeck so gut es geht aus der Familie herauszuhalten: »Ich wollte nicht zuhause alles noch mal durchkauen.« Schließlich will er nicht schon den Kindern die Lust am Unternehmerleben nehmen, denn natürlich ist es sein Ehrgeiz, das Lebenswerk eines Tages an die nächste Generation zu übergeben. Den Wunsch lässt er die Söhne, als sie älter werden, spüren. Zwang übt er nicht aus, das ist auch nicht nötig. »Studiert, was ihr für richtig haltet«, sagt er den Kindern. »Aber ich gehe davon aus, dass einer ja wohl das Unternehmen weiterführen wird.«

Als dann alle drei den Finger heben, »hatte ich auch ein Problem«, so scherzt er im Rückblick. Wenn es stimmt, dass es ein gängiges Muster ist, dass die Kinder ihre Erfüllung im Gegensatz zu den Eltern suchen, was ist dann Goldbecks pädagogisches Geheimnis, dass alle drei Söhne seinen Spuren folgen? »Das Leben der Eltern ist das Buch, in dem die Kinder lesen«, zitiert Ortwin Goldbeck aus dem Heft, in dem er die Sprüche aufgeschrieben hat, die ihm etwas bedeuten. So hat er seine Kinder die Lust am Unternehmerleben spüren lassen, seinen »unheimlichen Spaß an der selbständigen Arbeit, die innere Freude, etwas zu konstruieren, immer Neues zu machen«. Er habe nie zuhause die Probleme und Sorgen abgeladen, »sonst hätten die Kinder womöglich die Lust verloren«.

Geht das wirklich, lässt sich das im Kopf so sauber trennen, die Nöte des Tagwerks und die Geborgenheit in der Familie? »Nicht immer«, gibt er zu, »aber ich habe meine Sorgen nicht ausgebreitet zuhause.«

Zur Wahrheit gehört, dass diese Taktik nicht immer aufgeht. Die Familie nimmt ihm die Unbekümmertheit nicht ab, man registriert sehr wohl, wenn ihn etwas plagt, »er hat zuhause immer so getan, als sei alles in Ordnung«, erzählt einer der Söhne. Der Vater habe die Sorgen für sich behalten, so lange nicht zugelassen, dass andere Anteil nehmen, bis ihn der Magen geschmerzt hat. Wahr ist freilich auch: Ortwin Goldbeck ist kein Mann des grübelnden Grams, er schaut nach vorne, mag nicht lange lamentieren über vergangene Schlachten, und waren sie noch so schmerzhaft: »Was gelaufen ist, das war. Aus. Schluss. Vorbei«, sagt er. Er sei da »eher ein bisschen oberflächlich«, sagt er. Ihn begeistere schnell wieder was anderes, die Eheleute Goldbeck unterscheiden sich in dem Punkt durchaus, berichten die Kinder übereinstimmend: Die Mutter ist die behutsam Abwägende, der Vater der forsch nach vorne Stürmende, »fast schon ein Hasardeur«, wie ein Sohn sagt, »voller Hochachtung vor dem Mut und dem unternehmerischen Geist«.

Das letzte Wort zur Charakterisierung des Familienoberhaupts gebührt seiner Frau, dem Menschen, der Ortwin Goldbeck am besten kennt – von A bis Z:

A   arbeitsam, anständig, anspruchslos, anpassungsfähig

B   bescheiden

C   christlich

D   diplomatisch

E   engagiert

F   fleißig, fröhlich, freundlich, friedlich

G   gesund, großzügig, geschickt, geradlinig

I   integrierend

J   er ist nicht jähzornig
K   kraftvoll, kreativ, kontaktfreudig
L   lebensfroh
M mutig
N   natürlich
O   originell
P   pragmatisch, praktisch
S   solide, sangesfreudig, strebsam, selbstbewusst
T   treu, taktvoll
U   unermüdlich
V   verlässlich, visionär, versöhnlich
W wagemutig, wanderfreudig
Z   zielbewusst, zupackend.

DIE STABÜBERGABE

Der Tag des Generationswechsels ist für Ortwin Goldbeck ein »bewegendes, ja zu Herzen gehendes Ereignis«, wie er es auf der Abschiedsveranstaltung mit den Mitarbeitenden formuliert – nach 38 Jahren, in denen er das Unternehmen aufgebaut hat. »Das Unternehmen hat auch mich in dieser Zeit geformt und geprägt«, bekennt er. Aus den sieben Mitarbeitenden zu Beginn wurden 2000, aus dem Handwerksbetrieb ein führendes Bauunternehmen in Europa.

Bedingungen für diesen Aufstieg, so doziert der Seniorchef, sind »permanente Verbesserung, neue marktfähige Produkte, wirtschaftliche Produktionsverfahren und angepasste, leistungsorientierte Organisationsabläufe«. Und vor allem braucht es Mitarbeitende, die sich für das Unternehmen eingesetzt haben, sich damit identifiziert haben, lobt er. Wieder scheint sein Leitmotiv durch: Vertrauen. »Sich aufeinander verlassen zu können, sich gegenseitig zu vertrauen waren wichtige Grundwerte und Voraussetzung für eigenverantwortliches Handeln.«

Mitarbeitende bestätigen dem scheidenden Chef, in guten wie in schlechten Zeiten diesem Prinzip treu geblieben zu sein, loben ihn als »hervorragenden Techniker und genialen Unternehmer«. »Ortwin Goldbeck ist ein Glücksfall für uns«, rühmt ihn der Betriebswirt Christian Schnieder, seit fast drei Jahrzehnten mit dabei.

Nun, im April 2007, endet diese Ära. Der Gründer will es so: Die Söhne sollen ran, sollen die Geschäfte führen. Mit 68 Jahren ist für ihn Schluss im aktiven Dienst. Er hat sich diesen Zeitpunkt selbst gesetzt, hat die Stabübergabe penibel vorbereitet, diverse Juristen, Berater und Steuerexperten sind involviert. Es ist viel zu regeln in solchen Momenten. Kein Wunder, dass eine regelrechte Branche an »Familienflüsterern« entstanden ist, die Familienunternehmen bei solch einschneidenden Ereignissen wie einem Generationswechsel begleiten. Goldbeck vertraut dem Stuttgarter Haudegen Brun-Hagen Hennerkes, einem Pionier auf diesem Gebiet, lange Jahre persönlich bekannt mit der Bielefelder Familie und Gründer der Stiftung Familienunternehmen, die Ortwin Goldbeck vom Start an unterstützt.

Seine Anteile am Unternehmen überschreibt der Gründer an die Kinder, bis auf zwei Prozent, ein eher symbolischer Betrag. Dafür wird vertraglich geregelt: Der Senior hat 50 Prozent der Stimmrechte plus eine Stimme. Also die Mehrheit. De facto kommt dies einem Vetorecht gleich: »Davon habe ich nie Gebrauch gemacht«, sagt Ortwin Goldbeck heute.

Die Wehmut ist ihm bei der Stabübergabe im April 2007 laut Augenzeugen regelrecht anzumerken. »Ich bleibe diesem Unternehmen und den Menschen in diesem Unternehmen bis ans Lebensende verbunden und verpflichtet«, sagt Ortwin Goldbeck in seiner Rede und zitiert zum Abschluss – wie könnte es anders sein – seinen Lieblingsdichter Theodor Fontane: »Jeder glückliche Augenblick ist eine Gnade und muss zum Danke stimmen.«

Erst Jahre später gibt er zu, wie schwer ihm dieser Tag des Abschieds und das Loslassen in den ersten Monaten danach gefallen seien. »Auf einmal nichts mehr zu sagen zu haben, das ist hart«, bekennt er. »Ich habe richtig gelitten, ich kann gut verstehen, warum manche nicht loslassen können.« Gerade Unternehmer wie er, die alles von der Pike aufgebaut haben, fällt es schwer, von einem Tag auf den anderen zu sagen: Ich schaue nur noch zu. »Das war nicht einfach«, seufzt Ortwin Goldbeck.

Der Senior war es über Jahrzehnte gewohnt, dass sich alle Blicke auf ihn richteten. Jede Debatte im Führungskreis endet mit der Frage: Was sagt der Gründer? Er hat das letzte Wort. Das ist jetzt auf einmal anders. Auf einmal sind die Söhne gefordert, ohne dass sie die natürliche Autorität in der Organisation genießen wie der Vater. Die Alphatiere im Betrieb, äußerst sensibel in solchen Fragen, merken das, versuchen, ihren Einfluss auszubauen. Es kommt zu einzelnen Unbotmäßigkeiten, Anzeichen von Machtproben, man überlegt, sich von renitenten Führungskräften zu trennen. Der Vater verhindert das: »Das müsst ihr aushalten«, rät er den Söhnen.

Sein Beitrag, um deren Position zu festigen, erfordert erst mal die Selbstdisziplin, sich zurückzunehmen. Er zwingt sich zu Abstinenz, redet nicht mit angestellten Geschäftsführern über anstehende Entscheidungen, auch wenn manche dies wollen. Wer zu ihm kommt, um sich auszuweinen über die neuen Geschäftsführer, den schickt er weg. Da ist er konsequent.

Er lässt sich informieren, um weiter mitreden zu können, mehr nicht, penibel achtet er darauf, alles zu vermeiden, was als Einmischung ins Geschäft der Söhne gedeutet werden könnte. »Es ist nicht ganz leicht, nur zuzuhören, ohne die eigene Meinung zu sagen«, sagt er selbst.

Als Ersatz dienen ihm die diversen Ehrenämter, vor allem die Präsidentschaft in der Industrie- und Handelskammer Ostwestfalen. Hier zählt sein Wort, er fühlt sich geehrt und wertgeschätzt. »Natürlich bin ich ein bisschen eitel, das gebe ich gerne zu.« Ein Lob aus berufenem Mund ist ihm wertvoller als ein Ferrari oder sonst ein Statussymbol, das man kaufen kann.

Wenn der Patriarch in der Firma schon zurücktritt ins Glied, konkret in den Beirat, so bleibt er durch die Ehrenämter in der öffentlichen Wahrnehmung, er kann weiterhin spannende Leute treffen, neue Menschen kennen lernen. Kann vielleicht Pflöcke einschlagen, Einfluss nehmen auf den Lauf der Dinge.

Dies ist all die Jahre schon die Motivation, sich einzumischen ins gesellschaftliche Leben, so viel Zeit ihn die Ehrenämter zusätzlich kosten, viele Abend- und Nachtstunden gehen dafür drauf. Seine Ehefrau wundert sich bisweilen, warum er sich das alles zumutet – obendrauf zu dem Pensum im Unternehmen. Immer mal wieder fragt sie den Ehemann: Warum das jetzt auch noch? Was ist deine Triebfeder? »Lange Zeit habe ich darauf keine Antwort gekriegt, dann hat er mal gesagt, ich möchte in der Öffentlichkeit etwas bewegen«, erzählt Hildegard Goldbeck. Offensichtlich treibt ihn der Drang, die Freude, Spuren zu hinterlassen.

DIE ZWEITE GENERATION

»Tradition ist die Weitergabe des Feuers und nicht die Anbetung der Asche.« Dieses Zitat von Gustav Mahler steht wie ein Leitmotiv über dem Generationswechsel der Goldbecks, den Satz haben Vater wie Söhne parat, wenn sie über den damit verbundenen Anspruch sprechen.

Jörg-Uwe Goldbeck, der älteste Sohn, ist seit 2000 geschäftsführender Gesellschafter. Jan-Hendrik, der jüngste des Trios und seit 2005 im Unternehmen, stößt 2010 als geschäftsführender Gesellschafter dazu – fortan sind sie gemeinsam als Doppelspitze verantwortlich. Sie stehen vor der Aufgabe, das Lebenswerk des Vaters zu würdigen und gleichzeitig Veränderungen anzustoßen, um das Geschäft weiter voranzutreiben, die Firma weiter wachsen zu lassen. Zumindest ein Zwischenfazit lässt sich bereits ziehen: Mission erfüllt. »Die beiden machen ihre Sache sehr gut«, lobt Ortwin Goldbeck.

Dabei sind Doppelspitzen nicht immer einfach, allzu viele Beispiele für gelungene Fälle finden sich nicht in der Literatur. Vielleicht hilft im konkreten Fall, dass die beiden Goldbeck-Söhne sehr unterschiedlich sind in ihrer Natur. »Wir ergänzen uns, schätzen uns in der Verschiedenheit«, so sagen sie beide.

Jörg-Uwe ist eher der Innenminister, Jan-Hendrik der Außenminister. »Hendrik packt ganz viele Dinge neu an, ist sehr dynamisch, ich wäge viel ab, ob etwas Neues uns wirklich weiterbringt oder wir uns dadurch verzetteln und den Fokus verlieren«, so beschreibt der Ältere die Arbeitsteilung.

Es hat sich tatsächlich einiges getan, seit sich der Senior aus dem operativen Geschäft verabschiedet hat. Das Unternehmen ist noch mal in neue Dimensionen vorgestoßen. Die Zahl der Mitarbeitenden wie der Umsatz haben sich, grob gerechnet, verfünffacht. Goldbeck hat etliche Niederlassungen und weitere Werke im In- und Ausland eröffnet, das Unternehmen ist nun wahrhaft europäisch aufgestellt. Die Führungsmannschaft haben sie deutlich erweitert. Seit Herbst 2021 gehört erstmalig eine Frau zum Geschäftsführerteam. Professionalisierung ist ihr Ziel für Themen, die der Vater noch hemdsärmelig gelöst hat. »Wir wollen die Aufgaben mit System angehen«, sagt Jörg-Uwe Goldbeck.

Dazu hat sich das Sortiment erweitert, die zweite Generation erschließt neue Bereiche des Baus. Die Bielefelder wagen sich an Wohngebäude und punkten als Dienstleister, etwa bei der Bewirtschaftung von Parkflächen. Außerdem stellen sie die Weichen für die digitale Zukunft, Goldbeck treibt die Technologisierung des Bauens voran, den eigenen, bereits beschriebenen Standort im Silicon Valley inklusive. Was sind das aber für Menschen, diese drei Goldbeck-Söhne? Wir stellen sie, dem Alter nach, vor.

Jörg-Uwe Goldbeck

Jörg-Uwe Goldbeck, der älteste Sohn von Ortwin Goldbeck, 1968 geboren, hat eine hervorstechende Eigenschaft, die ihn deutlich vom Vater unterscheidet: Er ist kein Techniker. Das macht einiges einfacher. So tritt er gar nicht erst in Konkurrenz mit Ortwin Goldbeck: »Ich bin Kaufmann durch und durch«, sagt Jörg-Uwe Goldbeck, der diesen Vorzug durchaus sieht: So fällt es ihm leichter, aus dem Schatten des Gründervaters zu treten. Hätte er sich auf dessen Spezialgebiet mit ihm messen müssen, wäre es schwieriger geworden, »Da hätten wir uns wahrscheinlich schon mal verbissen.« Hat er deswegen gar nicht erst Technik studiert, obwohl ihn als Kind auf dem Firmenhof das Spielen mit technischem Gerät, mit Autokran und solchen Sachen fasziniert hat? Mag sein. »Wir hatten eine behütete, ländliche Kindheit«, erzählt er, das Thema Nachhaltigkeit ist ihm bis heute ein wichtiges Thema, es gelte, den gesamten Lebenszyklus eines Gebäudes zu beachten:

»Unsere Gebäude sind im Bau deutlich ressourcenschonender als bei konventioneller Bauweise, außerdem sind sie auf einen besonders energiesparenden Betrieb ausgelegt.«

Nach dem Abitur macht Jörg-Uwe Goldbeck erst mal eine kaufmännische Ausbildung in den Bielefelder Möller-Werken, einem der ältesten Familienunternehmen Europas, gegründet einst als Kupferhammer, später ein stattlicher Autozulieferer. Der Patriarch, Dr. Peter von Möller, ist ein guter Bekannter des Vaters. Von dort geht es zum Wintersemester 1990/91 an die Universität nach Bayreuth, Jörg-Uwe Goldbeck studiert Betriebswirtschaftslehre. Organisationslehre und Marketing sind seine Vertiefungsfächer, Unternehmenskultur und Werte sind ihm bis heute wichtig. Dabei orientiert er sich an Managementlehrern wie Fredmund Malik sowie dem ebenfalls in St. Gallen lehrenden Wirtschaftsethiker Peter Ulrich, beide vertreten sie ein Gegenprogramm zum simplen Shareholder-Value-Brutalo-Kapitalismus: »Wir wollen ein aufrichtiger, fairer Geschäftspartner sein gegenüber Kunden, Zulieferern wie Mitarbeitenden«, sagt Jörg-Uwe Goldbeck, heute Geschäftsführender Gesellschafter des Unternehmens zusammen mit dem acht Jahre jüngeren Bruder Jan-Hendrik: »Wir sind von Natur aus sehr verschieden, ergänzen uns daher sehr gut.«

Als Student schon hat Jörg-Uwe Goldbeck den Vater oft auf Reisen in die neuen Bundesländer begleitet. Nachdem die Grenze der DDR gefallen war, lag Bayreuth auf der Strecke des Vaters an die dortigen Standorte. Der Senior gabelt den Filius dort regelmäßig auf und nimmt ihn mit auf seine Abenteuerreise in die neuen Länder: »Ich war mehr interessierter Begleiter denn Berater.«

Nach dem Diplom sammelt Jörg-Uwe Goldbeck zunächst Erfahrung in einer kleinen Personalberatung in Frankfurt am Main, dann in der Hamburger Niederlassung seines Familienbetriebs. Nachdem er sich dort bewährt hat, startet er als Geschäftsführer für Finanzen in der Zentrale (zunächst unter der Regentschaft des Vaters). Er verliebt sich in der Firma in eine junge Architektin, seine spätere Ehefrau Ilka, mit der er inzwischen vier Kinder hat, die beanspruchen die Zeit der Großeltern und Raum in den Gesprächen: »Ich möchte nicht am Kaffeetisch nur über Themen aus dem Unternehmen reden«, sagt Jörg-Uwe Goldbeck. Inzwischen akzeptiert das der Vater und stolze Großvater Ortwin Goldbeck. Offiziell hat der Unternehmensgründer bis heute ein Vetorecht für wichtige strategische Entscheidungen, so steht es in den Gesellschafterverträgen, »doch bei der positiven Entwicklung hat er dies wohl nie nutzen müssen«.

Joachim Goldbeck

Joachim Goldbeck, der mittlere im Trio der Goldbeck-Söhne, 1970 geboren, hat sich für Ökothemen begeistert, lange bevor das modisch und angesagt war. Schon Ende der 1990er Jahre tut er sich in der Solarenergie um, da existiert diese Branche noch gar nicht richtig.

Mit Bau, mit Beton und Stahl dagegen hatte er Bauchschmerzen. »Ich bin in der Natur groß geworden, habe die Natur schätzen gelernt«, erzählt er in seinem Büro an der Bergstraße, Bäume für Baustellen zu fällen habe ihn als Teenager geärgert, dass die Natur zurückgedrängt wird, Flächen versiegelt werden, all das hat ihn massiv gestört. »Heute sehe ich das differenzierter«, sagt er und lacht.

Damals geht er in die Opposition, teilt dem Vater mit, dass er sich nicht damit identifizieren könne, die grünen Wiesen zuzubauen, als es um die Wahl des Studienfaches geht. Bauingenieur scheide daher aus. Physik fände er gut, aber mit dem Ziel, später konkret etwas zu bewegen, studiert er schließlich Maschinenbau in Karlsruhe, den USA und Mexiko, fängt als junger Ingenieur bei ASE an, im Vertrieb von Solarzellen. Als Kind hatte er die Idee, »Naturforscher« zu werden, sagt er, es treibt ihn dann aber doch zu Unternehmen: »Ich brauche die Umsetzung in die Wirklichkeit, die wirtschaftliche Nutzbarmachung von Erkenntnissen.«

Solarindustrie ist die Zukunft, predigt er der Familie, und schlägt vor, Solaranlagen auf die Dächer der Goldbeck-Bauten zu setzen, das hilft – erstens – der Umwelt und bietet – zweitens – staatlich unterstützt ein attraktives und skalierbares Geschäftsmodell.

So entsteht die Goldbeck Solar mit ihm, Joachim Goldbeck als Geschäftsführer, aber innerhalb der Familiengruppe der Goldbecks. Er sitzt dafür zunächst in der Nähe von Erfurt, zieht später mit seiner Frau und mittlerweile drei Kindern nach Weinheim. Solarprojekte führen sein Team nach Spanien, Italien, England oder Kasachstan. Das Problem aus Sicht der Brüder sind das politische Risiko und die zunehmende Komplexität: Die Projekte sind häufig in unbekannten Kulturräumen, im Zweifel abhängig von Subventionen und damit vom Willen der jeweiligen Regierung. Irgendwann werden ihnen diese Risiken aus dem Solargeschäft für das Baugeschäft zu groß, und sie schlagen vor, die Bereiche zu trennen.

So soll es auch kommen, die drei Brüder teilen den Konzern schiedlich und friedlich, der Weg dahin ist durchaus anstrengend. Schließlich geht es um viel Geld: Wie werden die einzelnen Teile des Vermögens bewertet? Alles eine Frage der Einschätzung, zu Beginn klaffen die Erwartungen weit auseinander, weswegen der Prozess sich zieht.

Im Resultat hat Joachim Goldbeck seine eigene Solarfirma an der Bergstraße und dafür weniger Anteile am ungleich größeren Bauunternehmen in Bielefeld als die beiden Brüder. Die Familie hat damit ihren Frieden gemacht, die Brüder sagen, dass sie jetzt besser miteinander klarkommen als vorher.

Joachim Goldbeck führt heute in Hirschberg an der Bergstraße eine Unternehmensgruppe rund um Entwicklung, Bau und Betrieb von Solarkraftwerken, mit globalem Anspruch und großem Ingenieurteam. Nebenbei kämpft er als Präsident des Bundesverbandes Solarwirtschaft (BSW) für die Energiewende in Deutschland. Den grünen Ideen ist er treu geblieben, natürlich fährt er ein Elektroauto, einen Porsche Taycan, auch wenn die Reichweite des Batteriefahrzeugs derzeit bei sparsamer Fahrt nur für die Strecke von der Bergstraße nach Bielefeld reicht.

Jan-Hendrik Goldbeck

Der Jüngste im Trio, Jan-Hendrik Goldbeck, geboren 1976, ist von Haus aus Wirtschaftsingenieur, ausgestattet mit sehr gutem Examen, und trotzdem alles andere als der typische Bauingenieur. Musiker oder Schriftsteller waren seine Berufswünsche als Teenager, auf das T-Shirt, mit dem er über den Schulhof lief, hatte er ein Nietzsche-Zitat gepinselt: »Man muss noch Chaos in sich haben, um einen tanzenden Stern gebären zu können.« In der Baubranche sieht er das immense Verbesserungspotenzial, sowohl technologisch – »wir müssen die Welt des archaischen, sequenziellen Bauens verlassen und vom Pferd aufs Automobil umsatteln« – als auch in Bezug auf Compliance. »Das beste Mittel gegen Korruption ist ein aggressiver Wettbewerb: Wo die Konkurrenz hart ist, bleibt nichts hängen für Schmiergelder.«

Jedenfalls ist es kein Zufall, dass Jan-Hendrik Goldbeck dort gelandet ist, im Bau-, Technik- und Dienstleistungsunternehmen der Familie. Schon mit 14 Jahren, nach einem ersten Praktikum in einer Lokalzeitung hat er auf ein Blatt Papier seine beruflichen Optionen gemalt und überlegt: Wo bringe ich es mit meinen Talenten am weitesten? Wie viel Einflussmöglichkeiten habe ich, wie viel Freude wird mir der Job bereiten?

Gewonnen hat das Erwartbare: Unternehmer – das ist es, die Firma des Vaters fortführen, das lohnt jede Anstrengung. Aber auch vielen weiteren Hobbys und Interessen geht er weiterhin nach. Denn eines wollte er nie: seine Tage »einlinig« verbringen, wie er sagt. Nur der Beruf und sonst gar nichts. Nein, der Mann, inzwischen Oberhaupt einer sechsköpfigen Familie, hat noch immer Spaß an Musik, an Büchern, vor allem an anderen Menschen; auch jenseits der Branche knüpft er eifrig sein Netz, besucht zwischendurch auch mal ein Philosophieseminar am Aspen-Institut in Amerika. »Ich lasse nicht los von Sachen, die mir innerlich etwas geben, die intensive Momente schaffen«, sagt Jan-Hendrik Goldbeck.

Zuletzt gründete er mit 30 CEOs die ReAct Initiative, bei der sich die einflussreichen Persönlichkeiten für ein positives Zielbild Europas in Bezug auf Klima, Bildung und Innovation formulieren.

Studiert hat er Wirtschaftsingenieurwesen in Karlsruhe und Lausanne. Statt des Praktikums im eigenen Betrieb, wie vom Vater vorgeschlagen, bewirbt er sich als Animateur für den Robinson Club. Sein Alleinstellungsmerkmal: Er kann jede Menge klassische Gedichte auswendig; Hesse, Goethe, Schiller – alles, was der Deutschunterricht hergibt. Und so kommt es, dass Jan-

Hendrik Goldbeck im Robinson Club Jandia Playa auf Fuerteventura eine neue Disziplin erfindet: Lyrik in der Sauna, animierter Aufguss quasi. »Humanistisches Entertainment« sagt er selbst dazu. Die Touristen schwitzen, er trägt die 24 Strophen der Bürgschaft vor, darf auch mal den Ösi-Barden Rainhard Fendrich am Flügel begleiten, bevor er sich wieder aus dem Showbusiness verabschiedet. Es geht zunächst als Vorstandsassistent zur IVG Immobilien AG, um 2005 zurückzukehren ins handfeste Fach, auf den Hochbau, ins Familienunternehmen, zunächst als Projektleiter, seit 2007 als Teil der Geschäftsleitung.

Im Unternehmen beschäftigt er sich »von der Pike auf« mit Baustellen, um inzwischen neben der Auslandsexpansion und den Gebäudedienstleistungen die Innovationskraft im Unternehmen voranzutreiben. So gründete er eine Forschungs- und Entwicklungseinheit im Silicon Valley, die mit der Universität Stanford und der dortigen Start-up-Szene kooperiert.

WAS BLEIBT?

Wer über die Überlebensfähigkeit von Familienunternehmen nachdenkt, landet irgendwann, fast zwangsläufig, bei Thomas Mann, dem Erfinder der »Buddenbrooks«: »Der Vater erstellt's, der Sohn erhält's, beim Enkel zerfällt's.« Dieser Satz aus dem Roman über die Lübecker Kaufmannsfamilie deckt sich mit der Statistik: Nur etwa jedes achte Familienunternehmen schafft den Sprung in die dritte Generation, der Wechsel von der zweiten in die dritte Generation entscheidet über Fortbestand oder Untergang, sagen Wissenschaftler.

Das Ziel im Fall des Unternehmens Goldbeck ist klar: Es soll ein Familienunternehmen bleiben. Da sind sich alle einig, am liebsten ein richtiges Familienunternehmen, was für den Gründer bedeutet: mit einem Angehörigen der Familie als Chef oder Chefin, was mehr ist, als dass die Firma weiterhin im Eigentum der Familie bleibt.

Das Problem in der Nachfolge sei stets dasselbe, erläutert Ortwin Goldbeck: »Die Jungen müssen es wollen. Und sie müssen es können.« Die Klippe von der ersten zur zweiten Generation ist in seinem Fall geschafft: Die Söhne haben bereits bewiesen, dass beides erfüllt ist, die Firma wächst und gedeiht.

Seit dem Stabwechsel 2007 hat sich die Mitarbeiterzahl mehr als vervierfacht, von 2000 auf 8500.

Und wie steht es für die Zeit danach? Für die dritte Generation, die vierte, die fünfte?

Je älter ein Familienunternehmen wird, desto heterogener wird die Gruppe seiner Eigentümer, desto größer wird die Gefahr für Konflikte innerhalb des Clans, sofern dem nicht gemeinsame Werte entgegenwirken. Die Liste der Streitigkeiten in vermögenden Familien ist lang, dicke Gerichtsakten künden davon, wie sich die Sippen bekriegen, genannt seien hier nur Krämermilliardäre (Aldi), Kaffeeröster (Tchibo), Puddingkönige (Dr. Oetker) oder Autoerfinder (Porsche/Piech). Je größer das Vermögen der betreffenden Clans, desto dicker geraten die Schlagzeilen. Oder wie sie bei den Porsches sagen: »Wir streiten nicht häufiger als andere Familien, nur geht es gleich um viel mehr Geld.«

Das Vermögen unfallfrei an die nächste Generation zu übergeben, das ist die nobelste Aufgabe aller Unternehmerfamilien, zumal der Kreis sich immer weiter zieht von all jenen, welche mitreden wollen.

Soll die Operation gelingen, braucht es eine gemeinsame Idee über die verfolgten Werte, eine gemeinsame Vision für das Unternehmen. »Heterogenität und Gleichgültigkeit sind die gefährlichsten Feinde älterer Eigentümerfamilien«, mahnen die einschlägigen Berater.

Im Hause Goldbeck bieten sich elf Enkel als potenzielle künftige Anführer an, zum gegenwärtigen Zeitpunkt freilich nur in der Theorie: Für die Geschäftsführung sind sie deutlich zu jung, die Älteste ist gerade mal volljährig, die Jüngste trägt noch Windeln. Noch ist nicht abzusehen, wer einmal das Zeug hat, einen – dann vermeintlich noch größeren – Konzern zu führen, wer anerkannt wird als natürlicher Anführer, innerhalb von Familie wie Firma.

»Wie groß kann ein Unternehmen werden, ohne dass die Werte verloren gehen? Darüber denke ich in einer schlaflosen Nacht schon mal nach«, sagt Ortwin Goldbeck in einem nachdenklichen Moment, denn die zunehmende Größe hat sowohl Vorteile als auch Nachteile.

An dem Punkt sind sich aber die Söhne einig: »Jedes Unternehmen braucht eine Wachstumsperspektive«, sagt Jörg-Uwe Goldbeck, »man muss nur schauen, dass man die Werte bewahrt, dass das Unternehmen kein bürokratischer Moloch wird.« Aber ohne Wachstum gehe es nicht, ist er überzeugt: »Die Leute wollen eine Perspektive.«

Es wird noch fünf bis zehn Jahre dauern, bis sich abzeichnet, wohin die Reise der Goldbecks geht, was man den Enkeln zumuten will und ob man dem Unternehmen die dritte Generation zumuten will. Beides muss passen. Nicht unwahrscheinlich, dass es eine Interimsgeneration mit familienfremden Geschäftsführern geben könnte, so groß, wie der zeitliche Sprung zwischen zweiter und dritter Generation ist.

Die Vorbereitung der dritten Generation aber läuft bereits, die elf Enkel werden sachte an die Firma herangeführt, unter Einbeziehung externer Profis. Der Nachwuchs soll befähigt werden, vernünftige Miteigentümer zu werden: »Auch Gesellschafter muss gelernt sein«, sagt Jan-Hendrik Goldbeck.

Eine fachliche Ausbildung, etwa das Lesen von Bilanzen, gehört zur Vorbereitung, aber auch die ethischen Voraussetzungen, das Wissen um die Verantwortung, sagen die Familienoberen: »Eigentum verpflichtet, ein Unternehmen ist keine Kuh, die man nur melken kann.«

Ob es am Ende gelingt, das Familienunternehmen erfolgreich in die dritte, vierte und fünfte Generation zu überführen, »das kann ich nicht mehr beeinflussen«, sagt Ortwin Goldbeck. Dass er es sich wünscht, versteht sich von allein: »Die Firma hat mein ganzes Leben bestimmt. Das Unternehmen ist mein Lebenswerk. Auch Familienunternehmen müssen sich dem Wandel stellen.«

ANHANG

Ortwin Goldbeck – die Chronologie

1916	Großvater Wilhelm Goldbeck kauft die Liegenschaft in Bielefeld-Quelle an der Eisenstraße – die Keimzelle des späteren Unternehmens.
1920	Der Schmiedebetrieb wird offiziell gegründet.
1. April 1939	Ortwin Goldbeck wird in Gadderbaum nahe Bielefeld geboren, er ist das älteste von vier Kindern der Eheleute Frieda und Wilhelm (Willi) Goldbeck.
1945	Einschulung
1956–1959	Dreijährige Ausbildung für Metallbearbeitung und -verarbeitung
1959–1962	Studium an der Staatlichen Ingenieurschule für Maschinenbau in Dortmund, Fachrichtung Stahlbau
1962	Prüfung zum Schweißfachingenieur in Berlin
1967	Meisterprüfung im Schlosserhandwerk Hochzeit mit Hildegard

1. September 1969	Gründung des eigenen Unternehmens GOLDBECK KG Hallen und Stahlbau mit anfänglich sieben Mitarbeitenden
1970	Jugendfreund Hans-Heinrich Knufinke wird Geschäftsführer und übernimmt die kaufmännische Leitung.
1973	Dieter Pohlmann, Schulfreund und Schwager Goldbecks, tritt als dritter Geschäftsführer ein, verantwortlich für den Vertrieb. Die erste Niederlassung, in Hannover-Langenhagen, wird eröffnet.
1974	Bau eines repräsentativen Verwaltungsgebäudes mit einer Fassade aus Cortenstahl Der Betrieb erzielt eine Gesamtleistung von 10,6 Millionen D-Mark und beschäftigt 65 Mitarbeitende.
1975	Einweihung des GOLDBECK-Hauses, eines vierstöckigen Verwaltungsgebäudes mit Tragwerk und Fassade aus Stahl

1976	Erweiterung der Produktionshalle, erste Exportgeschäfte
1978	Vorstand des Deutschen Stahlbau-Verbandes (DSTV), bis 2005
1979	Ortwin Goldbeck übernimmt den Familienbetrieb in Quelle.
1982	Neuausrichtung zu einem Spezial-unternehmen für systematisiertes, elementiertes Bauen
1984	Start der Mitarbeiterbeteiligung am Unternehmen. 160 Anteilsscheine mit einem Volumen von 100 000 D-Mark werden ausgegeben.
1989	Ortwin Goldbeck feiert den 50. Geburtstag und 20 Jahre GOLDBECKBAU. Die Firma beschäftigt 280 Mitarbeitende und erzielt eine Gesamtleistung von rund 88 Millionen D-Mark. Präsident des Deutschen Stahlbau-Verbandes (bis 1993), von 1995 bis 2005 Schatzmeister

1990	Expansion nach Ostdeutschland, zunächst mit einem Konstruktionsbüro im sächsischen Falkenstein, danach mit Niederlassungen in Berlin, Leipzig, Dresden
1. November 1992	Beginn der zweiten Produktion in Treuen (Sachsen), mit 22 Millionen D-Mark die bislang größte Einzelinvestition der Firmengeschichte
1994	Vorsitzender des Gildenhaus Vereins (bis 2003), einem traditionsreichen Zusammenschluss Bielefelder Unternehmer
	Übernahme des Betonfertigteilwerks Prefabeton in Tschechien
	GOLDBECKBAU feiert den 25. Geburtstag, Festredner ist Bundes-arbeitsminister Norbert Blüm (CDU).
	Die Firma erreicht mit rund 650 Mitarbeitenden eine Gesamtleistung von 310 Millionen D-Mark.
1995	Gründung der ersten Auslandsniederlassung in Straßburg
1997	Gründung der GOLDBECK International und Eröffnung einer Niederlassung im polnischen Posen

1999	30 Jahre GOLDBECKBAU, 1048 Mitarbeitende, 574 Millionen D-Mark Gesamtleistung
2000	Markteintritt UK, Niederlassung Birmingham Vorsitzender des Vorstandes der Westfälisch-Lippischen Universitätsgesellschaft bis 2012, seither Ehrenmitglied
2001	Joint-Venture für Österreich und Schweiz (mit der Firma Rhomberg) Gründung der GOLDBECK Solar GmbH durch Joachim Goldbeck
2002	Verwaltungsratsvorsitzender der v. Bodelschwinghschen Stiftungen Bethel bis ins Jahr 2009 Auszeichnung des Deutschen Stahlbaus
2003	Auszeichnung zum Unternehmer des Jahres, Auszeichnung der Arbeitsgemeinschaft selbständige Unternehmer OWL und der Sparkassenorganisation OWL
2005	Verfassen einer »Familien-Charta«

2006	Präsident der IHK Ostwestfalen zu Bielefeld bis 2014, seither Ehrenpräsident
1. April 2007	Rückzug aus dem operativen Geschäft und der Unternehmensspitze
2007	Bundesverdienstkreuz 1. Klasse
2009	Gründung der GOLDBECK Stiftung zum 70. Geburtstag von Ortwin Goldbeck
2014	Großes Verdienstkreuz des Verdienstordens der Bundesrepublik Deutschland
2015	Feier 25 Jahre Goldbeck im Vogtland Innovationspreis des Karlsruher Instituts für Technologie (KIT)
2016	Ortwin Goldbeck erhält die Leinewebermedaille des Verkehrsvereins Bielefeld.
2017	Ortwin Goldbeck wird Ehrenbürger der Universität Bielefeld. Entrepreneur of the Year 2017, Auszeichnung der Familie Goldbeck durch die Wirtschaftsprüfungsgesellschaft Ernst & Young

2018	Eröffnung des Ortwin Goldbeck Forums am Eingang der Bielefelder Altstadt
2019	Eröffnung eines Campus im Silicon Valley Übernahme des französischen Industrie- und Logistikunternehmens GSE, die größte Investition in der Unternehmensgeschichte 50 Jahre Goldbeck, 6700 Mitarbeitende, knapp drei Milliarden Euro Gesamtleistung Ortwin Goldbeck feiert seinen 80. Geburtstag Eröffnung Kunstforum Hermann Stenner Familie Goldbeck wird von INTES PWC Akademie als Familienunternehmer des Jahres ausgezeichnet. 25 Jahre Prefabeton, Tschechien
8. Dezember 2019	Verleihung der Ehrenbürgerwürde der Stadt Bielefeld

2021	Ortwin Goldbeck wird mit der Rudolf-Diesel-Medaille 2021 vom Deutschen Institut für Erfindungswesen ausgezeichnet.
	GOLDBECK, 8500 Mitarbeitende, über vier Milliarden Euro Gesamtleistung

Literatur

Hennerkes, Brun-Hagen: Meine Zeit als Consigliere:
Lebensaufgabe Familienunternehmen – Autobiographisches,
Freiburg, 2019

Kitsch, Anne: »Ein inneres Bild unserer zukünftigen
Realität«. Ortwin Goldbeck – Reflexionen über eine
Unternehmenskultur, Bielefeld, 2007

Meck, Georg/Weiguny, Bettina: Der Elitenreport, Berlin, 2018

Scholtyseck, Joachim: Reinhard Mohn. Ein
Jahrhundertunternehmer, Gütersloh, 2021

Simon, Hermann: Hidden Champions. Die neuen Spielregeln
im chinesischen Jahrhundert, Frankfurt am Main, 2021

teNeues (Hrsg.): Goldbeck, Kempen, 2019

v. Bodelschwinghsche Stiftungen Bethel (Hrsg.): Seit 1867…
Geschichte der v. Bodelschwinghschen Stiftungen Bethel,
Bielefeld, 2017

Ortwin Goldbeck als
Zweijähriger vor dem
Elternhaus

Das Anwesen der Goldbecks
in den 1950er Jahren:
Wohnhaus mit angeschlossener
Schmiede/Schlosserei

Familie Goldbeck um 1945:
Marianne, Mutter Frieda mit
Martin auf ihrem Schoß, Ortwin,
Vater Wilhelm, Erika

Die Hochzeit am 4. August 1967:
Hildegard Goldbeck ganz in Weiß

Start-up-Gründer Ortwin Goldbeck
mit Krawatte im Jahr 1969

Ortwin Goldbecks
Gesellenstück im Jahr 1959:
Das Tor zum Elternhaus in
Bielefeld-Quelle

Die Eltern im Jahr 1986: Frieda und
Wilhelm Goldbeck im Garten von
Ortwin und Hildegard Goldbeck

Der Senior und der Jungunternehmer im
Jahr 1974: Wilhelm Goldbeck und Sohn
Ortwin auf dem Betriebsgelände in Bielefeld

Familie Goldbeck im Jahr 1992:
Die Söhne Joachim, Jörg-Uwe,
Jan-Hendrik

Urlaub auf Mallorca im Jahr 2002:
Hildegard und Ortwin Goldbeck in
der Eremitage von Valldemossa

Der 60. Geburtstag
im Jahr 1999

Treue Bielefelder:
Das Ehepaar
Goldbeck 2020 in der
Unternehmenszentrale

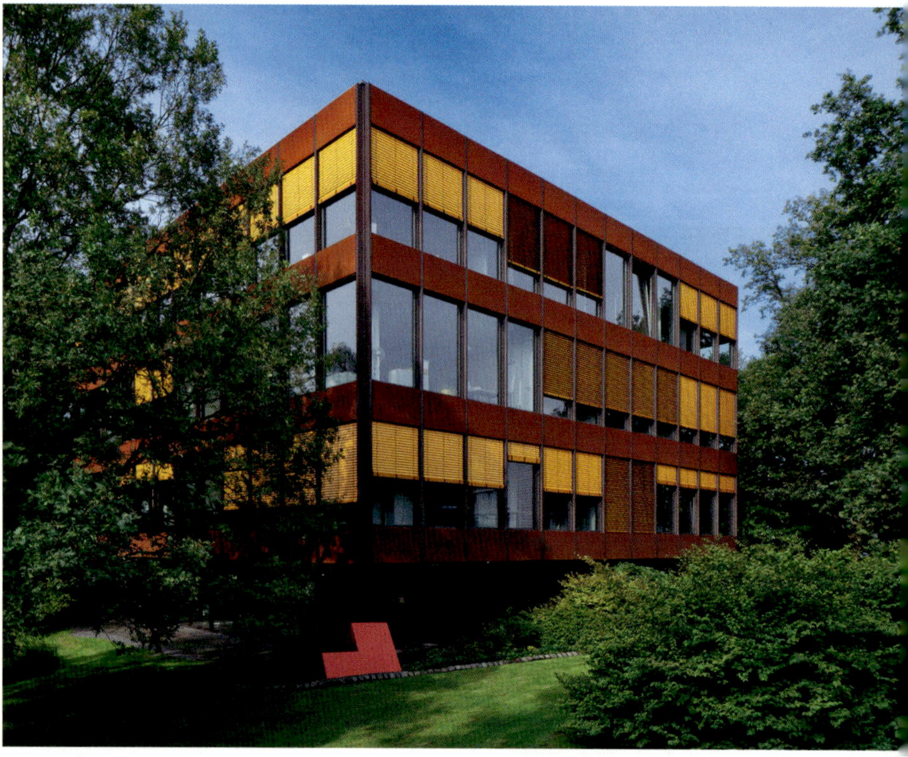

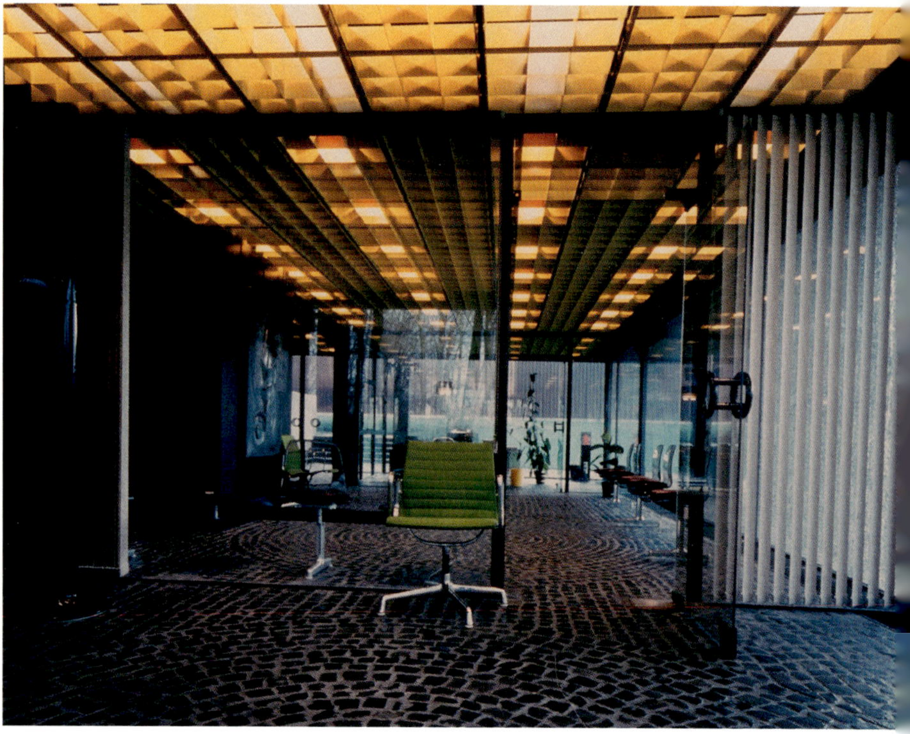

Der Standort in Frankfurt »Gateway Gardens« unmittelbar neben dem Flughafen: Im April 2020 bezogen 180 Mitarbeitende das neue Bürogebäude.

Goldbeck in Gold im Jahr 1974: Das hochmoderne Verwaltungsgebäude, entworfen von Architekt Gregor Wannenmacher, Designmöbel auf Pflastersteinen

Das Dreigestirn an der Spitze um 1974:
Ortwin Goldbeck in der Mitte, links Hans-
Heinrich Knufinke und rechts Dieter Pohlmann

Das Führungstrio ein
Vierteljahrhundert später,
nun in dunkelblauem Zwirn

Verwaltungsgebäude und
Produktionshalle, 1980er Jahre:
Die Firma wächst, der Fuhrpark
auch

Aufbau Ost im Jahr 1991:
Grundsteinlegung für das
Werk Treuen im Vogtland
nach der Deutschen Einheit

Sommerfest in der
Unternehmenszentrale

Kultur in der Kantine im Jahr
2011: Maikonzert für private
Gäste der Goldbecks, die
Söhne in der ersten Reihe

25 Jahre Goldbeck: Bundesminister
Norbert Blüm (1935–2020) in Bielefeld

Die Kanzlerin in Bethel im Jahr 2006:
Angela Merkel neben Ortwin Goldbeck,
damals Verwaltungsratsvorsitzender
der von Bodelschwinghschen Stiftungen Bethel

Das Bundesverdienstkreuz 1. Klasse, überreicht von Ministerpräsident Jürgen Rüttgers im Jahr 2007

Geburtstagsfeier in der Universitätsgesellschaft im Jahr 2013: Alt-Bundespräsident Richard von Weizsäcker (1920–2015) gratuliert Prof. Dr. Helmut Steiner zum 85. Geburtstag

Die Zäsur im Jahr 2007:
Ortwin Goldbeck
verabschiedet sich in
den Ruhestand.

50 Jahre Goldbeck: Auszubildende richten zum Jubiläum 2019 einen roten VW-Passat aus den 90er Jahren her – Boomzeiten für das Unternehmen nach der Deutschen Einheit

Ein Schmuckstück für Bielefeld:
Einweihung des Museums
Kunstforum Hermann Stenner im
Januar 2019, das die Goldbeck
Stiftung erworben hat.

Die Eröffnungsausstellung zeigt
Werke von Hermann Stenner.
Vor den Gemälden: Joachim,
Jörg-Uwe, Hildegard, Ortwin
und Jan-Hendrik Goldbeck

Die Abendgala in Bielefeld zum Jubiläum im Jahr 2019: 450 Gäste aus Politik, Wirtschaft und Medien, es moderiert Ingolf Lück, Nelson Müller kocht. Die Festrede hält Ralph Brinkhaus, es wird auch getanzt.

50 Jahre
GOLDBECK.

Erfolg mit System.

1969 | 2019

Champions aus Ostwestfalen:
Luftaufnahme der Goldbeck-
Unternehmenszentrale in Bielefeld
im 50. Jubiläumsjahr

Am Schreibtisch eines Technikers aus Leidenschaft im Jahr 2020: Stift und Skizzenblock liegen immer griffbereit.

»Zwischen Hochmut und Demut steckt ein drittes, dem
das Leben gehört und das ist der Mut« – Theodor Fontane
findet sich mit vielen Versen in dem Notizbuch, in dem
Ortwin Goldbeck über die Jahre Sinnsprüche und Gedichte
verschiedener Autoren gesammelt hat.

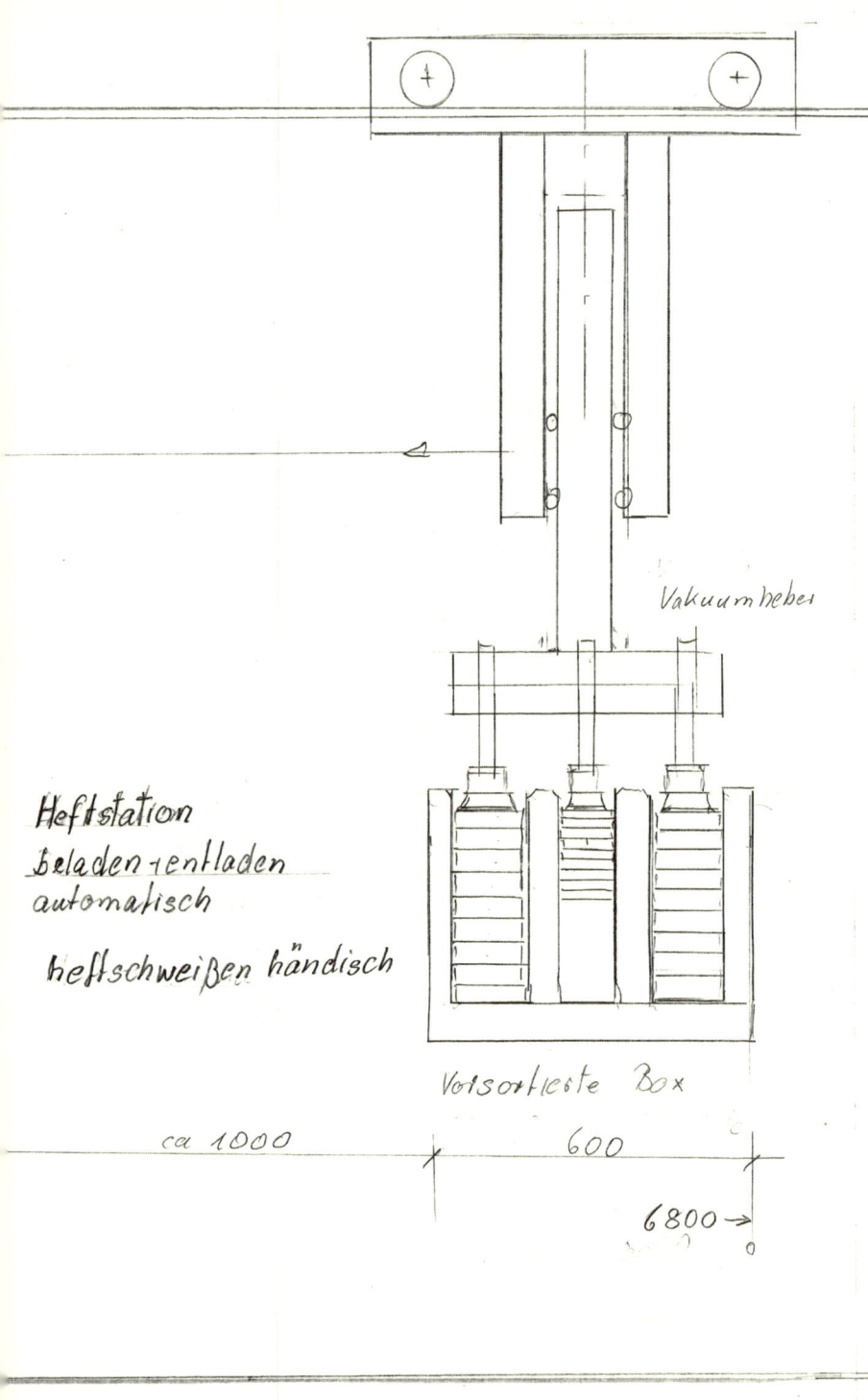

Vakuumheber

Heftstation
beladen - entladen
automatisch

heftschweißen händisch

Vorsortierte Box

ca 1000

600

6800→